Jenseits der Scham

Jürgen Domian
&
Hella von Sinnen

Jenseits der Scham

Die Protokolle und Kommentare in diesem Buch sind von Autoren und Verlag nach bestem Wissen und Gewissen sorgfältig erwogen. Autoren und Verlag sowie ihre Beauftragten übernehmen keine Haftung für etwaige Schäden, die sich aus dem Gebrauch oder Mißbrauch der in diesem Buch dargestellten Praktiken ergeben.

Die Deutsche Bibliothek – CIP-Einheitsaufnahme

Jürgen Domian: Jenseits der Scham / Jürgen Domian und Hella von Sinnen. – vgs, 1998
ISBN 3-8025-1379-7

© vgs verlagsgesellschaft, Köln 1998
Alle Rechte, insbesondere das Recht der Vervielfältigung und Verbreitung, vorbehalten. Kein Teil des Werkes darf in irgendeiner Form (durch Fotokopie, Mikrofilm oder ein anderes Verfahren) ohne schriftliche Genehmigung des Verlages reproduziert oder unter Verwendung elektronischer Systeme verarbeitet, vervielfältigt oder verbreitet werden.

Fotos: S. 147: Sabine Lubenow; alle übrigen: Jürgen Domian und Hella von Sinnen
Umschlagfoto: Cornelis Gollhardt, Köln / Stephan Wieland, Düsseldorf
Umschlaggestaltung: Alexander Ziegler, Köln
Produktion: Ilse Rader
Satz: Greiner & Reichel, Köln
Druck: Clausen & Bosse, Leck
Printed in Germany
ISBN 3-8025-1379-7

Besuchen Sie unsere Homepage im WWW: http://www.vgs.de

Vorwort I

Etwa siebentausend Gespräche habe ich seit 1995 in meiner Telefon-Talkshow DOMIAN geführt. Über alles, was Menschen bewegt, erschüttert, belustigt oder staunen läßt. Jeden Wochentag, zwischen 1.00 und 2.00 Uhr nachts, im WDR-Fernsehen und im Radio auf Eins Live. In meinem ersten Buch, EXTREME LEBEN, sind ausschließlich Interviews aus meiner Sendung dokumentiert. Als wir uns über ein zweites Buch Gedanken machten, fiel der Name Hella von Sinnen. Der Plan: Es werden wieder Gesprächsprotokolle veröffentlicht, und dazu befragt Hella den Moderator und Menschen Jürgen Domian.
Die Idee gefiel mir ausgesprochen gut. Verbindet mich mit Hella doch eine sehr lange und bewegte Freundschaft. Ich schätze ihre Integrität und Warmherzigkeit. Mit ihren Ticks kann ich leben. Außerdem zählt sie für mich zu den Top-Entertainern Deutschlands, neben Harald Schmidt, Thomas Gottschalk und Jürgen von der Lippe. Ich rief sie also an. Sie sagte sofort zu. Und schon am nächsten Wochenende machten wir uns an die Arbeit. In Anwesenheit von Cornelia Scheel, Hellas wunderbarer Frau, unterhielten wir uns vor laufendem Kassettenrecorder viele Stunden, jenseits der Scham. Dabei kamen besonders markante Interviews aus dem letzten DOMIAN-Jahr zur Sprache, die auch im folgenden abgedruckt sind. Es ist ein sehr privates Buch geworden.
Ich bedanke mich bei meinen Anrufern und Anruferinnen für ihr Vertrauen und bei Hella für ihre indiskreten Fragen. Und wir, Hella und ich, bedanken uns bei Tom Bildhauer und Wolfram Zbikowski für ihre engagierte Unterstützung.

Jürgen Domian, Köln im September 1998

Im folgenden habe ich besonders markante und interessante Fälle aus meiner Sendung dokumentiert. Die Gespräche sind teilweise verkürzt wiedergegeben, die Namen der Anrufer sind geändert.

Vorwort II

Als Jürgen Domian mich anrief und mich fragte, ob ich ihn für ein Buch-Projekt mit dem Titel JENSEITS DER SCHAM interviewen möchte, sagte ich spontan zu.
Ich kenne Jürgen seit 23 Jahren. Wir haben zusammen Abitur gemacht, und er gehört zu den wenigen Burschen, in die ich mal verknallt war.
Nach einem großen Krach hatten wir jahrelang keinen Kontakt, bis ich ihm nachts im WDR-Fernsehen wiederbegegnet bin. Da Cornelia süchtig nach DOMIAN wurde, blieb ein gemeinsames Essen nicht aus, und seit ca. zwei Jahren beschnüffeln wir uns wieder gegenseitig, knüpfen alte und neue Bande, lachen, faxen und tratschen.
Ich bewundere Jürgen für seinen Mut und seine Offenheit in der Sendung. Er ist kompromißlos, direkt und einfühlsam.
Seine Kappe geht mir auf die Eierstöcke, seine machistischen Attitüden treiben mir des öfteren die Zornesröte auf die Backen, aber ich bin auf ihn so neugierig wie er auf seine AnruferInnen.
Wir haben zwar Gummersbach und Tschaikowsky gemeinsam, sind aber ansonsten erfrischend gegensätzlich. Ich habe die Gespräche genossen, sie wühlten mich auf, erheiterten und inspirierten mich.
Die hier dokumentierten Telefongespräche aus Eins Live DOMIAN sind zum Teil sehr dramatisch und unfaßbar.
Manchmal glaube ich einfach nicht, wie Männer drauf sind!
Und ich könnte schreien, was Frauen sich gefallen lassen!
Manchmal möchte ich so losheulen, wie einsam Menschen sind.
Und ich könnte mich bepissen über den Blick durchs Schlafzimmerschlüsselloch.
Ich bin froh, daß es DOMIAN gibt.
Und Jürgen! Danke für dein Vertrauen.

Hella von Sinnen, Köln im September 1998

Telefongespräch aus Eins Live DOMIAN:

ICE-Katastrophe

Robert: Ich habe heute bei dem Zugunglück in Eschede meine Eltern verloren.
(Pause)
Domian: *Wann hast du das erfahren?*
Robert: Um 19 Uhr. Da stand die Polizei von Celle bei mir vor der Tür. Ich mußte zur ... Identifizierung mitfahren. Vor zwei Stunden bin ich zurückgekommen.
Domian: *Wohin wollten deine Eltern fahren?*
Robert: Sie waren bei mir zu Besuch und wollten wieder nach Hause fahren.
Domian: *Wie schwer waren deine Eltern verletzt?*
Robert: Das konnte man mir dort nicht sagen. Sie haben nur festgestellt, daß sie sofort tot waren. Entstellt waren sie nicht.
Domian: *Sie mußten also nicht sehr leiden?*
Robert: Nein.
Domian: *Es fällt mir sehr schwer dich zu fragen, wie dir jetzt zumute ist.*
Robert: Momentan kann ich es noch nicht begreifen. Ich schätze mal, daß es morgen dann soweit sein wird.
Domian: *Bist du im Moment alleine?*
Robert: Ja.
Domian: *Hast du keinen Freund, keine Freundin, die dir jetzt ein bißchen beistehen?*
Robert: Momentan nicht. Es weiß noch keiner.
Domian: *Du hast mit niemandem bisher gesprochen?*
Robert: Nein.
Domian: *Gibt es denn niemanden in der Familie, den du anrufen kannst?*
Robert: Ich könnte schon, aber ich kann es noch nicht. Ich bin dazu noch nicht in der Lage. Ich kann es einfach noch nicht.
Domian: *Was hast du in den letzten zwei Stunden gemacht?*
Robert: Gar nichts. Ich habe mich einfach nur hingesetzt und wollte es begreifen. Aber es geht nicht, es geht nicht. Für mich ist das eigentlich nur ein Scherz.

Domian: Wie alt waren deine Eltern?
Robert: 50, sie standen mitten im Leben.
(Pause)
Domian: Hattest du von dem Unglück schon vorher aus dem Radio gehört?
Robert: Ich hatte es im Fernsehen verfolgt.
Domian: Hattest du da schon die Sorge, es könnte der *ICE* sein?
Robert: Eigentlich nicht, weil meine Eltern einen Zug früher fahren wollten und es sich dann aber doch noch anders überlegt hatten. Mir wurde es erst richtig bewußt, als die Polizei bei mir vor der Tür stand.
Domian: Hast du denen das überhaupt geglaubt? Haben die gesagt „Ihre Eltern sind gestorben." oder wie?
Robert: Nein, die kamen hierher und sagten: „Es könnte eventuell sein." Deshalb mußte ich ja mit nach Celle zur Identifizierung. Bis zuletzt habe ich noch an eine Verwechslung gedacht.
Domian: Du hast die Gesichter deiner Eltern gesehen?
Robert: Ja.
(Pause)
Domian: Was war danach? Hat man dich noch betreut?
Robert: Ich mußte mit auf die Polizeistation, und da mußte ich mich erst einmal beruhigen. Ich konnte nicht mehr.
Domian: Hast du geweint?
Robert: (leichtes Zögern) Nein, noch nicht. Ich bin dazu einfach noch nicht in der Lage.
Domian: Hast du Geschwister?
Robert: Nein, ich bin allein.
Domian: Wie war das Verhältnis zu deinen Eltern?
Robert: Sehr gut, sehr gut. Ich habe mich mit beiden sehr gut verstanden. Wir haben viel Spaß zusammen gehabt.
Domian: Du sagtest, daß sie dich besucht haben.
Robert: Ja, über Pfingsten. Eine Woche lang. Mein Vater hatte hier in Hannover geschäftlich zu tun, meine Mutter hatte Urlaub. So haben sie das gleich mit einem Besuch verbunden.
Domian: Habt ihr in der Familie schon mal über den Tod gesprochen?
Robert: Ja, öfters. Erst vor kurzem ist mein Großvater gestorben. An ihm haben wir auch sehr gehangen. Und da kommt dieses Thema halt auf. Man macht sich in dem Moment natürlich keine

Gedanken darüber, daß es einen aus dem näheren Kreis treffen könnte. Auch nicht die Eltern.
Domian: *Erst recht nicht, wenn sie noch so jung waren und vermutlich auch gesund. Hat man dir denn erklärt, was jetzt alles auf dich zukommt, was du alles organisieren mußt?*
Robert: Das hat man mir so einigermaßen klar gemacht. Aber aufgenommen habe ich es nicht. Deswegen muß ich auch morgen nochmals nach Celle.
Domian: *Mußt du deine Eltern noch einmal sehen?*
Robert: Nein, ich muß nur zur Polizei.
Domian: *Ich stelle mir diese Situation so unerträglich vor. Man kommt in einen solchen Raum – das kennt man ja nur aus Filmen – und muß dann einen geliebten Menschen anschauen, der dort aufgebahrt liegt ...*
(Pause)
Robert: Ja, es war nicht gerade ein guter Anblick. Ich habe auch bis zuletzt gedacht, es wäre ein Scherz oder eine Verwechslung. Aber es war keine Verwechslung. Es waren wirklich diejenigen, die ich erst vor kurzem in Hannover verabschiedet hatte. Für mich war das in dem Moment unfaßbar.
(Pause)
Domian: *Was bist du von Beruf, Robert?*
Robert: Ich bin Bäcker.
Domian: *Hast du gerade Urlaub oder mußt du arbeiten?*
Robert: Nein, ich habe Urlaub.
Domian: *Hast du darüber nachgedacht, wie du die nächsten Tage anpacken wirst?*
Robert: Wenn ich morgen aus Celle zurückkomme, werde ich wahrscheinlich zu meinen Verwandten fahren. Wir werden dann erst einmal sehen, was Sache ist. Die Schwester meiner Mutter weiß auch noch nicht Bescheid. Da liegt also noch eine große Aufgabe vor mir.
Domian: *Hatten die beiden ein gutes Verhältnis miteinander?*
Robert: Ja, sehr gut.
Domian: *Hast du auch ein gutes Verhältnis zu der Tante?*
Robert: Eigentlich habe ich zu all meinen Verwandten ein gutes Verhältnis. Ich weiß auch schon, wie einige reagieren werden.
Domian: *Ich glaube, letztendlich kann niemand ermessen, was jetzt in dir vorgeht. Ich frage mich trotzdem, warum du, wenn*

das Verhältnis so gut ist, die Tante noch nicht angerufen hast. Aus Angst vor der Reaktion?
Robert: Ja.
Domian: *Da ist es unter Umständen gut, mit jemandem zu reden. Wie zum Beispiel jetzt mit mir, der mit der Familie nichts zu tun hat.*
Robert: Ja. Das ist irgendwie beruhigend. Sich mal auszusprechen, hilft ungemein. Ich glaube nicht, daß ich es mit meiner Tante hätte machen können.
Domian: *Weil sie wahrscheinlich am Telefon zusammenbricht und weint. Und da mußt du noch stark sein, obwohl du wahrscheinlich gar nicht stark bist.*
(Lange Pause – keine Reaktion)
Domian: *Ich finde es wichtig, Robert, daß du in den nächsten Tagen einen Ansprechpartner hast. Gibt es denn keinen besten Freund?*
Robert: Doch schon, aber auch da fällt es mir schwer.
(Pause)
Domian: *Schießt einem da durch den Kopf – wenn man so etwas Schlimmes erlebt hat –, daß man selbst keine Lust mehr hat zu leben?*
Robert: Eher nicht. Diesen Gedanken verdränge ich einfach. Das hat für mich einfach keinen Sinn. Das Leben muß auch weitergehen. Das hätten auch meine Eltern nicht gewollt.
Domian: *Man sollte immer daran denken, wie es die Betroffenen am liebsten hätten. Daß man im Sinne der Verstorbenen handelt.*
(Pause)
Domian: *Lieber Robert, ich kann dir nur mein ganz, ganz aufrichtiges Beileid aussprechen. Ich kann dir nicht helfen, aber ich möchte dir noch ein Gespräch mit meiner Psychologin anbieten. Weil du so alleine bist und weil es immer gut ist, wenn man jemanden zum Sprechen hat. Ich wünsche dir für die nächste Zeit viel Kraft.*

von Sinnen: Dieser Anruf war ja in der Nacht, nachdem das Zugunglück in Eschede passiert ist. Die Götter mögen verhüten, daß bei so einer schrecklichen Katastrophe deine Eltern ums Leben kommen. Aber was würde das mit dir machen?
Domian: Also, was es konkret mit mir machen würde, das weiß ich nicht. Ich weiß nur, daß ich unglaubliche Angst davor habe, daß meine Eltern sterben. Ich habe so einen Hauch erahnt, vor ein paar Jahren. Da ist mein Vater sehr schwer krebskrank gewesen, und man hatte erst eine Diagnose gestellt, die wenig Hoffnung ließ. Das hat sich Gott sei Dank nach einigen Operationen nicht bewahrheitet. Ich weiß nicht, ich glaube, ich könnte meine Sendung bei einem Todesfall nicht machen. Ich habe übrigens sehr oft über den Tod deiner Mutter nachgedacht. Sie ist ja so schrecklich umgekommen, 1988. Da hatten wir keinen Kontakt miteinander. Erst ein Jahr später habe ich das erfahren. Wie war das damals für dich?
von Sinnen: Also ich weiß nur, was die Arbeit anbetrifft, ich hab' damals ja „Alles Nichts, Oder?!" bei RTL gemacht, und die ersten Sendungen nach dem Tod von meiner Mutter waren mit Edith Hanke und Gottlieb Wendehals, Werner Böhm. Und das war für mich die absolute Rettung. Im Studio zu stehen, waren für mich die einzigen Stunden, wo ich aus dieser unglaublichen Trauer und dieser Verzweiflung rausgekommen bin. Da war Arbeit für mich eher Therapie.
Domian: Da ich die Erfahrung noch nicht gemacht habe, kann ich das persönlich gar nicht beurteilen. Ich stelle mir für mich vor, daß ich mich nur zurückziehen würde. Aber ich weiß es nicht. Ich kann's nicht sagen.
von Sinnen: Kannst du dir vorstellen, daß du nach so einer Tragödie deine Sendung machst und sagst: „Liebe Leute, heute abend sind mir *eure* Probleme scheißegal, *ich* hab einen großen Haufen Probleme, ich bin irrsinnig traurig und möchte jetzt einfach mit euch über meine Trauer sprechen."?
Domian: Das kann ich mir so nicht vorstellen. Aus zwei Gründen. Ich würde, glaube ich, nicht meine Trauer zu Markte tragen wollen, und ich würde sie eigentlich nur mit mir nahestehenden Menschen teilen wollen.
von Sinnen: Sind deine Eltern die wichtigsten Menschen in deinem Leben?
Domian: Es gibt wenige wirklich wichtige Menschen in meinem Leben. Sie gehören dazu. Darf ich dich noch mal zurückfragen:

Wie lange hast du gebraucht, um den Tod deiner Mutter zu überwinden?
von Sinnen: Ich brauche noch. Ich werde das mein Leben lang nicht verwinden. Das ist jetzt Weihnachten '98 genau zehn Jahre her.
Domian: Deine Mutter ist erstickt.
von Sinnen: Ja, es war ein Wohnungsbrand, und dabei ist sie erstickt. Mehr erstickt als verbrannt. Ich habe durch Zufall bei einem Gespräch mit der Versicherung, Wochen später, Polaroids von den Kriminalbeamten gesehen und habe große Flecken an ihren Beinen gesehen – von der Hitze –, aber sie ist nicht richtig verbrannt, so wie ich es aus dem Struwwelpeter-Buch kenne – Paulinchen als Aschehaufen. Sie ist erstickt.
Domian: Du bist ja in das Haus gekommen, als es schon passiert war. War sie noch dort?
von Sinnen: Nein, nein. Das war Weihnachten, einen Tag vor ihrem 60. Geburtstag. Meine Mutter hatte ja am 26. Dezember Geburtstag. Am 24., Heiligabend, waren wir immer bei meinem Vater in Gummersbach. Weil die Eltern geschieden waren, haben wir das immer so aufgeteilt: Weihnachten Papa und am 26. Mama. Und dann ist sie in der Nacht vom 24. auf den 25. gestorben, also einen Tag vor ihrem 60. Geburtstag. Sie hatte sich sehr auf ihre Rente gefreut und wollte es sich jetzt schön machen, weil sie sehr hart gearbeitet hatte in ihrem Leben. Meine damalige Freundin, Sabine, war Ärztin und hatte Notdienst, und die kam morgens um sieben vom Krankenhaus. Da war aber schon Feuerwehr und Polizei da. Der Zinksarg mit der Leiche war schon weg. Der Dachstuhl war verbrannt. Sabine rief dann in Gummersbach an, und mein Bruder Hartmut kam zu mir ins Zimmer und sagte: „Das Haus ist abgebrannt, und die Mutter ist tot!". Als wir dann morgens von Gummersbach nach Köln gefahren sind, war ich ehrlich gesagt erst mal froh, daß das Haus noch stand. Ich dachte, das ganze Haus, mit allem, was ich besitze, und die Mieter – alles ist weg. Und auch noch die Mutter ist tot. Aber meine Mutter hat das, wie Zeit ihres Lebens, sehr geschickt gemacht. Sie ist mal wieder ohne einen Abschied gegangen. Aber sie hat uns das Haus stehen lassen.
Domian: Wie ist es denn überhaupt dazu gekommen?
von Sinnen: Das weiß man nicht, die Kripo hat es bis heute nicht herausbekommen.

Domian: Hat sie geraucht im Bett?
von Sinnen: Man weiß es nicht. Es kann genausogut ein Kurzschluß gewesen sein, in einer Steckdose, oder eine Zigarettenkippe ist nicht richtig aus gewesen. Sie war ja starke Raucherin und hat sich auch gerne ein Gläschen gegönnt. Oder eine Katze hat eine Kerze umgeschmissen. Man weiß es nicht. Die Ursache hat man nicht herausgekriegt.
Domian: Hast du sie denn noch mal gesehen?
von Sinnen: Nein, ich habe sie nicht gesehen. Die Trauerfeier und die Beerdigung waren erst Anfang Januar. Da bin ich bald drüber durchgedreht. Diese Vorstellung, meine Mutter liegt alleine in einem kalten Zinksarg über Silvester in einer Trauerhalle. Aber ich bin nicht auf die Idee gekommen dort hinzugehen, um sie mir anzugucken.
Domian: Ich habe eine ungeheure Angst vor so einer Beerdigung. Ich habe das einmal erlebt, als mein Patenonkel gestorben ist, und das war sehr schlimm. Wenn ein Elternteil stirbt...
von Sinnen: ... ist das ein schlechter Film. Und dann auch noch an Weihnachten! Ich liebe Weihnachten immer noch. Ich habe mir das nicht nehmen lassen. Ich bin immer noch wild auf Weihnachten, auf die Rituale und Geschenke und Gerüche. Das habe ich mir irgendwie nicht richtig kaputt machen lassen. Aber das Trauma ist noch da. Und die Tränen sind da, die spontanen Tränen, wenn du das Gefühl hast, du riechst sie noch, wie sie gerochen hat. Da kann ich heute noch unmotiviert in Tränen ausbrechen.
Domian: Hast du bei der Beerdigung weinen können?
von Sinnen: Entschuldige, daß ich lache, aber ich bin ja eine, die sowieso gerne weint und viel weint. Ich weine ja schon aus Rührung, wenn ich „Unsere kleine Farm" sehe.
Domian: Ich könnte mir vorstellen, daß der Schmerz so groß ist, daß man das gar nicht kann in dem Moment. Ich frage es ja nur, weil Robert absolut gefaßt war und ganz pragmatisch gesprochen hat.
von Sinnen: Nein, das ist bei mir zum Glück anders; das geht sehr gut. Ich habe sofort, als ich das erfahren habe, geschrien vor Weinen in der Wiesenstraße in Gummersbach. Ich habe auf dem ganzen Weg im Auto geheult. Ich habe nur geheult. Die Sabine hat uns nur mit Beruhigungstabletten vollgestopft, oder wir haben uns betrunken. Ich war damals völlig betäubt, entweder hatte ich

einen Kater, oder ich war betrunken, oder ich war unter Beruhigungstabletten. Wir haben ja zu dritt gewohnt, Sabine, Dirk Bach und ich. Dicki und ich haben Musik ausgesucht für die Trauerfeier. Es lief die „Moldau" von Smetana, von Edith Piaf „Je ne regrette rien" und Gospels von Mahalia Jackson, weil sie die immer so geliebt hat. Da hat schon der Gärtner geheult, der nur die Kränze gebracht hat, weil die Musik so ans Herz gegangen ist. Da haben alle geheult. Und ich natürlich auch. Wir haben viel geweint. Ich habe sowieso in der Zeit irre viel geweint. Ich weiß überhaupt nicht, wo ich die ganzen Tränen hergenommen habe. Und ich weine heute auch noch viel.

Domian: Um so erstaunlicher, daß du kurz danach als Komikerin und Entertainerin arbeiten konntest.

von Sinnen: Das hat Robert auch gesagt, „... das Leben muß weitergehen". Der Trost in der Trauer oder Trost in der Liebe zu deinen Eltern besteht ja darin, daß du denkst, du willst die Dinge weiter tun, die sie stolz gemacht hätten. Und meine Mutter wollte eigentlich nur noch in der ersten Reihe bei „Alles nichts, Oder?!" sitzen und ihre Tochter feiern.

Domian: Sie hat den Erfolg gar nicht so richtig erleben können, oder?

von Sinnen: Den großen Erfolg nicht. „Bambi 1990" hat sie nicht mitbekommen. Sie hat auch den Mauerfall nicht mitbekommen, obwohl sie ihn selber prognostiziert hat. Meinen Job mußte ich so weitermachen, weil sie das definitiv von mir verlangt hätte. Ich glaube, daß es Hanne auch zu schaffen macht, wo immer sie jetzt ist, daß sie sich so dramatisch „verpißt" hat. Und wenn sie durch diesen Abgang provoziert hätte, daß ihre Tochter *so* traurig ist, daß sie ihren Job nicht mehr ausüben kann, hätte sie das noch mal umgebracht.

Domian: Ich muß oft an deine Mutter denken. Neulich sagte eine ältere Zuhörerin im Talkradio – na ja, sie erzählte irgendwas Trauriges –, und dann sagte sie: „Kein Ding ist so schlecht, daß es nicht für irgendwas gut ist." Das hat deine Mutter auch immer gesagt.

von Sinnen: Und das ist auch mein Lebensmotto geworden. Ich habe sowieso versucht, sie sehr nah bei mir zu behalten. Die positiven Dinge, die ich mit ihr erinnere, zu behalten oder umzusetzen. Sie ist mir auch sehr nahe. Wir haben ihr eine Grabstätte gebaut mit einer Pyramide, weil sie sehr esoterisch interessiert war und immer für die alten Ägypter schwärmte. So ist das jetzt ein Ort, wo ich hingehe und sehr viel Frieden und Meditation finde, auf dem Friedhof, 20 Meter von Trude Herr entfernt. Ich besuche immer beide. Ich bin einfach der Meinung, sie ist viel zu früh gegangen, genauso wie Connys Mutter. Ich hätte sie sehr gerne noch 20 Jahre gehabt. Und dann auch noch durch so ein dramatisches Unglück. Bei einem Weihnachtsbrand. Wo für mich auch, genau wie für dich, Weihnachten so ein kindliches Datum der Freude, der Vorfreude, der Geschenke ist. Hanne war Heiligabend mittags mit einem Wäschekorb voller Geschenke heruntergekommen zu uns in die Wohnung und hat gesagt: „Hier habt ihr schon einmal eure Geschenke, die können wir dann ja morgen zusammen auspacken, wenn ihr wiederkommt." Und dann packst du die Geschenke aus, die deine Mutter dir gepackt hat, und sie ist tot. Da drehst du natürlich durch. Wie gesagt, ich bin nicht durchgedreht, weil mich die Chemie betäubt hat. Ich kämpfe ja jetzt, wenn ich das erzähle, wieder mit den Tränen. Und das ist zehn Jahre her.

Telefongespräch aus Eins Live DOMIAN:

Sterbehilfe

Domian: *Hallo Ulrike.*
Ulrike: Ich bin von Geburt an schwerstkrank. Ich habe die Hirschsprungsche Krankheit, eine Darmerkrankung, die in den sechziger Jahren noch nicht behandelt werden konnte. Ich habe dann alle 14 Tage in der Klinik gelegen und sehr viel durchgemacht. Bis zum 14. Lebensjahr.
Domian: *Was hat man in den Kliniken mit dir gemacht?*
Ulrike: Da wurde immer unter Narkose, weil ich nicht aufs Klo gehen konnte, der Stuhl herausgeholt. Das waren richtige Steine. Die waren richtig hart.
Domian: *Aber dann warst du ja jede Woche im Krankenhaus!?*
Ulrike: Ja, es waren zwar immer nur kurze Narkosen, aber als Kind war das trotzdem der Horror.

Domian: *Gab es damals keine andere Möglichkeit?*
Ulrike: Nein, die waren damals noch nicht soweit. Ich bin dann 1977 in einer achteinhalbstündigen Operation operiert worden. Man hat den gesamten Dickdarm weggenommen.
Domian: *Hattest du dann einen künstlichen Darmausgang?*
Ulrike: Nein, das brauchte ich noch nicht. Ich hatte gehofft, daß das Leiden dann aufhört, aber es fing dann erst richtig an.
Domian: *Wie sah das Leiden dann aus?*
Ulrike: Stell dir vor, du gehst zur Schule und weißt nicht, wie du das den Mitschülern beibringen kannst. Die haben das auch nicht verstanden. Ich war immer ein fröhlicher Mensch und habe mir das auch nicht so anmerken lassen. Nach der Operation war es dann so, daß es immer abging. Ich konnte den Kot dann nicht mehr halten.
Domian: *War das auch mit Schmerzen verbunden?*
Ulrike: Ja, ich habe furchtbar gelitten. Ich habe dann von 1979 bis 1986 ständig in Kliniken gelegen.
Domian: *So viele Jahre?*
Ulrike: Ja. Ich bin insgesamt 56mal operiert worden und bin jetzt auch fertig.
Domian: *So viele Jahre! 56mal operiert! Wie geht's dir heute?*
Ulrike: Na ja...
(Pause)
Ulrike: Ich muß sagen, daß ein Leben auch Qual sein kann. Ich habe sehr gute Schmerztherapeuten. Darüber bin ich auch froh. Sehr menschlich sind die, aber...
(Pause)
Ulrike: ...ich würde mir manchmal wünschen, daß ich in Holland wohne.
(Pause)
Domian: *Das heißt, dir ist der Lebensmut fast abhanden gekommen?*
Ulrike: (ganz leise) Ja. Ich kenne meine vier Wände, meine Schmerzen. Es ist mit Morphium zwar manchmal erträglich, aber die Nächte sind der Horror.
Domian: *Du mußt ständig Medikamente nehmen? Es gibt keine medikamentenfreie Zeit?*
Ulrike: Nein.
Domian: *Wie funktioniert das jetzt mit den Ausscheidungen?*
Ulrike: Bei einer Operation ist mir noch die Blase geplatzt. Es gab

da so Komplikationen. Ich war dreimal klinisch tot, und da muß ich sagen, daß man die Menschen doch lassen soll, wenn sie klinisch tot sind.
Domian: Also machst du deinen Ärzten praktisch Vorwürfe?
Ulrike: Nein, das ist ja auch eine Gewissensfrage. Die haben es schwer. Die Gesetze sind ja dazwischen, aber für die Patienten ist es noch schlimmer.
(Pause)
Domian: Würdest du lieber tot sein?
Ulrike: (ganz leise) Ja.
(Schweigen)
Ulrike: Ich schreibe gerade noch an einem Buch. Es heißt „Erlösung ist Gnade". Ich bin sehr gläubig, und ich komme da mit dem Glauben ein bißchen in Konflikt. Weil ich ja gerne Sterbehilfe haben möchte.
Domian: Ulrike, wenn man einen so langen Leidensweg hinter sich hat, denkt man sicherlich nicht nur an aktive Sterbehilfe. Man denkt doch sicher auch an Selbsttötung.
Ulrike: Stimmt.
Domian: Welche Meinung hast du dazu?
Ulrike: Ich verurteile niemanden, der es macht.
Domian: Bist du schon nahe an dem Punkt gewesen, daß du sagst: „Ich mache es jetzt."?
Ulrike: (leise) Ja. Meine Eltern haben mich losgelassen, da bin ich auch sehr froh drüber.
Domian: Was heißt „losgelassen"?
Ulrike: Die verstehen mich und leiden genauso mit wie ich.
Domian: Lebst du bei den Eltern?
Ulrike: Nein, ich habe eine eigene Wohnung, werde aber von meinen Eltern gepflegt. Meine Eltern konnten durch mich auch nie richtig leben.
Domian: Bist du das einzige Kind?
Ulrike: Nein, ich habe noch einen gesunden Bruder.
Domian: Heißt das eigentlich, daß du auch immer im Bett liegen mußt?
Ulrike: Ja, überwiegend.
Domian: Du kannst niemals spazieren gehen?
Ulrike: Nein.
Domian: Und wie lange liegst du jetzt schon so im Bett?
Ulrike: Also mit Hilfe meiner Eltern kann ich schon mal ins Auto

oder so, aber ich habe keine Freude dran. Früher habe ich mich über Kleinigkeiten gefreut. Das gibt's jetzt so nicht mehr.
Domian: *Gibt es denn überhaupt gar nichts mehr, auf das du dich freust?*
Ulrike: (Überlegt) Schwere Frage ... Die Realität holt einen ja immer wieder ein. Das ist ja das Schlimme. Ich hatte vor drei Wochen wieder sehr schlimme Koliken. Da habe ich immer gesagt: Lieber Gott, warum? In dem Moment soll man es nicht sagen, ich weiß. Aber ich sehe in meinem Leben keinen Sinn. Ich belaste die Umwelt, belaste mich im Prinzip ja auch, weil ich immer wieder sage: Du mußt kämpfen!
(Pause)
Ulrike: Aber ich habe keine Kraft.
Domian: *(sehr leise) Was hält dich denn jetzt noch am Leben, Ulrike?*
Ulrike: (weint) Meine Eltern.
(Pause)
Domian: *Hast du auch Angst vor dem Sterben?*
Ulrike: Nein, absolut nicht. Weil ... Als ich im Koma lag ... Es war so schön. Es war, als ginge man durch einen bunten Tunnel. Das kann man sehr schwer beschreiben. Ich hatte gedacht, ich hätte es geschafft.
Domian: *Und war es dann sogar eine Enttäuschung, als du wieder wach geworden bist?*
Ulrike: Ja.
(Pause)
Ulrike: Ich muß sagen, in Deutschland ist es auch noch das Problem des Krieges. Wegen der Euthanasie. Es war wirklich schlimm, aber man muß jetzt auch mal an die Menschen denken, die leiden und nicht mehr können.
Domian: *Nehmen wir mal an, das Gesetz würde geändert und man dürfte in Deutschland aktive Sterbehilfe leisten. Würdest du das sofort in Anspruch nehmen wollen?*
Ulrike: Also, ich würde nicht ohne Abschied gehen. Das nicht, nein! Dafür liebe ich meine Freunde und Verwandten zu sehr.
Domian: *Aber die Entscheidung gehen zu wollen ist ganz klar?*
Ulrike: Ja! Ja! Ich habe auch ein Patiententestament gemacht, daß lebenserhaltende Maßnahmen nicht mehr geduldet werden. Nun ist es ja auch so, daß an mir halt viele Dinge sind, die für die Wissenschaft interessant sind. Aber ich bin es langsam satt, ein Ver-

suchskaninchen zu sein. Ich bin als Kind immer in die Hörsäle gefahren worden. Das bleibt alles so tief im Gedächtnis hängen. Ich kann heute keinen weißen Kittel mehr sehen.
Domian: Was ist das für ein Gefühl, gerade als Kind, in einem so riesigen Hörsaal regelrecht vorgeführt zu werden?
Ulrike: Furchtbar, furchtbar!
Domian: Bist du denn von den Ärzten zumindest einigermaßen menschlich behandelt worden?
Ulrike: Teilweise.
Domian: Hast du einem Arzt deines Vertrauens schon mal gesagt, daß du sterben möchtest?
Ulrike: Ja, das habe ich gesagt. Ich habe auch schon indirekt darum gebeten. Aber er hat gesagt, daß er nicht darf. Die Ärzte verstehen das absolut. Ich habe sehr liebe Ärzte. Die würden, wenn sie könnten, auch garantiert helfen.
Domian: Meinst du, daß man mit der Schmerztherapie vielleicht doch noch mehr bei dir machen könnte?
Ulrike: Nein, ich habe die höchsten Dosen.
Domian: Und trotzdem hast du noch Schmerzen, und es hilft dir nicht?
Ulrike: Ja.
Domian: Du bist 36 Jahre alt. Hast du den Eindruck, daß es schlimmer wird mit den Schmerzen?
Ulrike: Ja. Mein Körper wird ja auch systematisch zerstört. Mein Bauch ist total zerschnitten. Der sieht wie eine dicke Narbenplatte aus. Man spürt jede Bewegung, jeden Wärme- oder Kältereiz. Das ist furchtbar! Als ob der ganze Körper unter Strom steht.
Domian: Ich finde das sehr erschütternd und traurig, was du uns erzählt hast. Ich kann deinen Wunsch nach Erlösung (zögert) wirklich nachvollziehen.
Ulrike: Ich glaube, das wird auch zu oft verurteilt. Das finde ich nicht in Ordnung.
Domian: Ich verurteile das nicht, Ulrike.
Ulrike: Es gibt viele Menschen, die sagen, das ist Flucht und Feigheit.
Domian: Das ist keine Flucht, Ulrike. Diese Menschen sollen erst mal ein bißchen von dem ertragen, was du in den vielen Jahren ertragen mußtest. Ich würde auf diese Menschen überhaupt nicht achten. Du hast ein Recht auf deine Meinung und deine Gefühle.

Und wenn du meinst, daß du jetzt ein Recht auf deinen Tod hast, dann hast du jetzt auch Recht auf deinen Tod.
(Pause)
Domian: *Ich verurteile das nicht, und ich kann nur sagen: Wie bewundernswert, daß du das bisher ausgehalten hast. Viele, viele von uns hätten schon längst das Handtuch geworfen.*
Ulrike: Weißt du, das ist ja das Komische. Man denkt immer noch an die Familie. Man denkt daran, wie das wäre, wenn man selbst Mutter wäre. Diese Gedanken beschäftigen mich immer.
Domian: *Aber Ulrike, vielleicht findet man als Eltern in der Trauer ja auch so etwas wie Beruhigung, daß der geliebte Mensch, das Kind nicht mehr so leiden muß.*
Ulrike: Es gibt auch viele, die mich nicht mehr leiden sehen können. Die kommen dann einfach nicht mehr. Ich kann das auch verstehen.
Domian: *Hast du noch Freunde?*
Ulrike: In letzter Zeit sind sie weniger geworden.
Domian: *Liebe Ulrike, du mußt unbedingt das tun, was du für richtig hältst. Und mache dir keine Gedanken über die anderen Menschen. Ich glaube, daß die Menschen, die dich lieb haben, deine Mutti und dein Papa ...*
(lange Pause, holt tief Luft)
Domian: *... das respektieren werden.*
(Pause)
Domian: *Alles Gute.*

von Sinnen: Du bist also für aktive Sterbehilfe.
Domian: Ja! Es gibt Krankheitsverläufe, bei denen ich ein aktives Eingreifen, das zum Tod des Patienten führt, ethisch vertretbar finde. Es ist sehr bedauerlich, daß es in Deutschland nicht erlaubt ist. Auch für meine Person könnte ich mir durchaus vorstellen, aktive Sterbehilfe in Anspruch zu nehmen.
von Sinnen: Kannst du dir auch vorstellen, wie Inge Meysel mit einer Zyankalikapsel rumzulaufen?
Domian: Ja. Ich hätte eigentlich sehr gerne so etwas, daß ich für den Fall der Fälle selbst entscheiden kann, ob ich leben will oder nicht. Ich möchte nicht jahrelang ein Pflegefall sein und absolut

abhängig von Menschen, vor allen Dingen nicht dann, wenn es überhaupt keine Hoffnung mehr gibt. Das ist für mich der größte Horror überhaupt, irgendwann in einem Pflegeheim zu liegen, vielleicht noch stellenweise ein Bewußtsein zu haben und mir das klar zu machen, daß ich dazu verurteilt bin, hier noch Jahre zu liegen und irgendwann jämmerlich zu verrecken. Das möchte ich nicht.

von Sinnen: Ich finde es auch so schrecklich für Ulrike, weil sie sagte, sie sei gläubig und stehe im moralischen Konflikt mit der Kirche.

Domian: Ja, die Kirche. Der Pfarrer oder der Papst wissen, was Recht ist, wissen, was für den Einzelnen richtig ist. Zweitausend Jahre Moraldiktatur wirken leider noch heute. Jeder hat das Recht, über sich zu entscheiden. Auch und gerade über Leben und Tod. Der Kirche ging es immer nur um Macht. Und über Lebende läßt es sich halt besser herrschen als über Tote. Es wird Zeit, daß die Kirche mehr Respekt vor dem Willen des Menschen hat, als vor dem angeblichen Willen ihres angeblichen Gottes.

von Sinnen: Hattest du schon mal Selbstmordgedanken?
Domian: Nein.
von Sinnen: Hast du eine Vorstellung, bei einer unheilbaren Krankheit im Endstadium, wie du sterben möchtest?
Domian: Ich würde mir sehr wünschen, daß ich in der Situation ein Umfeld hätte, das mir Medikamente besorgen könnte. Ich würde dann in den Tod hineinschlafen wollen. Ich würde aber auch von einem Hochhaus springen.
von Sinnen: Ja? Hätte ich nicht den Mut zu. Weiß ich genau.
Domian: Aber das wäre sicherer. Meine große Sorge ist, etwas zu tun und hinterher gerettet zu werden, wider meinen Willen. Stell dir das mal vor, du hast für dich wirklich abgeschlossen und wachst irgendwann in einer Intensivstation auf. Ich glaube, ich würde wahnsinnig.
von Sinnen: Hast du schon mal über deine Beerdigung nachgedacht? Wie du die inszenieren würdest, wenn du sie bestimmen könntest?
Domian: Das ist mir völlig egal. Von mir aus kann man mich auf den Müll werfen. Ich habe dazu überhaupt keinen Bezug.
von Sinnen: Hast du schon mal einen sehr geliebten Menschen verloren?

Domian: Gott sei Dank noch nicht. Dann würde ich natürlich anders denken. Es müßte eine sehr würdevolle, eine sehr angemessene Trauerfeier geben. Nichts wäre mir egal. Ginge man mit dem Toten respektlos um, würde man ihn auf den Müll werfen, mein Herz würde zerbrechen.
von Sinnen: Aber du glaubst schon, daß deine Freunde sich was Schönes für dich einfallen lassen?
Domian: Ja, ich denke schon. Und es ist dann auch gut so. Ich möchte übrigens verbrannt werden. Das Verfaulen stelle ich mir nicht so ästhetisch vor. Aber, wie gesagt, eigentlich ist dann alles egal.
von Sinnen: In der Tat sind ja Beerdigungen für die Hinterbliebenen da und nicht für die Toten. Hast du große Angst vor dem Tod?
Domian: Ja. Weil ich einfach nicht weiß, was das bedeutet. Ich glaube, es ist das definitive Ende. Das war es dann. Auf ewig.
von Sinnen: Was ja bei Ulrike beeindruckend war, sie war schon einige Male klinisch tot und hatte offensichtlich in diesem Zustand eine Vision von einem bunten Tunnel und vom großen Frieden. Kannst du damit überhaupt nichts anfangen?
Domian: Es wäre schön und beruhigend, wenn es sich um die ersten Signale eines guten Jenseits handeln würde. Ich glaube es nicht. Es sind biochemische Vorgänge im Gehirn, mehr nicht.
von Sinnen: Wenn es denn jetzt aber doch so sein sollte, daß wir im Tod alle möglichen Leute wieder treffen, daß die Toten wirklich irgendwo rumlaufen wie in Sartres „Das Spiel ist aus", welche prominenten Personen würdest du gerne treffen oder sprechen?
Domian: Kurz zu Sartre: Da ist das Reich der Toten keine erstrebenswerte Welt. Sie ist langweilig und sehr öde. Immer irgendwo rumzustehen und zuzugucken, ist auch nicht so schön.
von Sinnen: Ja, eine schreckliche Vorstellung. Aber nichtsdestotrotz, wenn du ein paar prominente Tote treffen würdest, gäbe es jemanden, der dich sehr interessieren würde, und was würdest du ihn fragen wollen?
Domian: Ich würde wahnsinnig gerne mit dem Menschen reden, der Jesus hieß. Was war das für ein Typ, der so etwas in die Gänge gebracht hat? War er wirklich so spektakulär und charismatisch – oder war er nur ein Feld- und Wiesenprediger, der gar nicht

ahnte, was er da in Gang setzt. Und ich würde gerne mit Adolf Hitler reden. Ich möchte wissen: Was ist das für ein Wesen, das so etwas anrichten kann?
von Sinnen: Hast du eigentlich Angst davor, daß sich mal jemand während deiner Nachtsendung am anderen Ende der Telefonleitung umbringt?
Domian: Ich habe schon darüber nachgedacht. Ich lasse diesen Gedanken aber nicht sehr nah an mich ran, weil es nichts bringt. Wenn sich im Vorgespräch eine so dramatische Lage abzeichnen würde, käme der Anrufer sowieso nicht auf Sendung – das wäre die Aufgabe unserer Psychologen im Hintergrund.

Telefongespräch aus Eins Live DOMIAN:

Spiel mit dem Tod

Domian: *Paul ist am Telefon, 30 Jahre alt.*
Paul: Hallo Domian. Also ich habe etwas ganz Extremes. Früher habe ich mich immer selber verletzt. Das passierte meistens in Streßsituationen. Irgendwann später, in einer sehr großen Streßsituation, wollte ich mich umbringen. Da habe ich ein Gift genommen.
Domian: *Ein Gift hast du genommen?*
Paul: Ja, ein Gift.
Domian: *Was für ein Gift?*
Paul: Ach, das möchte ich jetzt eigentlich nicht sagen, weil man es frei kaufen kann.
Domian: *O. K., bitte sage es nicht.*
Paul: Es dauert ziemlich lange. Ist auch eine ziemliche Quälerei, das Zeug reinzuwürgen. Aber irgendwie muß ich sagen, daß es gar nicht so schlecht war. Ich lag da so ungefähr sechs Stunden, und es passiert dann immer so in Wellen. Man denkt immer: Bald bist du drüben. Na ja, ich fand das halt unheimlich cool.
Domian: *Es ist ein Gift, das man einnimmt, das man schluckt?*

Paul: Ja.
Domian: *Und es hat wirklich eine so enorme Wirkung, daß man sterben kann?*
Paul: Man hat nicht nur das Gefühl, es ist auch wirklich lebensgefährlich. Es kann zu Herzkammerflimmern führen und dann hilft nur Reanimation.
Domian: *Man ist währenddessen aber bei Bewußtsein?*
Paul: Völlig.
Domian: *Und dieses hat, als du das damals ausprobiert hast, auch eine sehr angenehme Wirkung für dich gehabt?*
Paul: Für mich war das so ein Gefühl von Freiheit. Es war ein tolles Erlebnis.
Domian: *Es hat ein paar Stunden gedauert, und dann hat die Wirkung nachgelassen?*
Paul: Ja, das ist ein wenig problematisch. Man muß danach mindestens noch einen Tag im Bett bleiben, weil man sich nicht mehr bewegen kann.
Domian: *Ist es etwa so, daß du das öfters machst?*
Paul: Inzwischen habe ich es wohl sechsmal gemacht.
Domian: *Du spielst also wirklich jedesmal mit deinem Leben?*
Paul: Ja. Einmal bin ich in die Klinik eingeliefert worden, und da habe ich die Leute auf der Intensivstation ziemlich zum Rennen gebracht (lacht ein wenig).
Domian: *Mensch Paul, das finde ich ... ich weiß gar nicht ... das ist ja unglaublich. Warum machst du das? Warum?*
Paul: Ich weiß nicht. Das ist irgendwie ein Gefühl von Freiheit.
Domian: *Ich will hier nun wirklich keine Drogen propagieren, aber es gibt doch Drogen, die eine ähnliche Wirkung haben, aber nicht so lebensgefährlich sind wie dein Gift. Warum muß es denn ein Gift sein, das dich unter Umständen millimeternah an den Tod katapultiert?*
Paul: Ich denke, das ist auch so eine Art Todessehnsucht.
Domian: *Ist dir dein Leben so wenig wert?*
Paul: Ja schon. Eigentlich ist es mir generell ziemlich wenig wert. Ich lebe also relativ risikofreundlich.
Domian: *Und dieses Zeug kann man kaufen?*
Paul: Ja.
Domian: *Hast du das immer zu Hause?*
Paul: Ich habe hier noch ein Röhrchen. Aber das wird nicht reichen.

Domian: *Was sind das denn für Situationen, in denen du das dann nimmst?*
Paul: Das sind meistens Streßsituationen. Oder wenn ich die Welt halt mal nicht ertragen kann. Oder wenn ich Gewissensbisse habe. Bei mir ist das ziemlich extrem.
Domian: *Aber du willst letztendlich nicht sterben?*
Paul: Eigentlich nicht.
Domian: *Du willst dieses Gefühl des Übergangs haben?*
Paul: Genau. Ich könnte das nämlich auch injizieren. Dann wäre ich wirklich weg (lacht).
Domian: *Du sagtest gerade, daß es auch noch die Nachwirkung hat, daß man einen Tag im Bett verbringen muß.*
Paul: Mann kann sich sehr schlecht bewegen und kommt nicht auf die Beine.
Domian: *Ist das nicht schrecklich? Ich stelle mir das gerade spontan wie einen schrecklichen Kater vor.*
Paul: Es ist schon ziemlich unangenehm, das stimmt. Man hat auch kaum ein Gefühl in den Extremitäten.
Domian: *Bereust du das dann und sagst: „Scheiße, ich mache es nicht noch mal!"?*
Paul: Es ist so toll, das kann wahrscheinlich keiner nachvollziehen. Es ist wie eine Wiedergeburt. Wenn man die Sonne aufgehen sieht und man noch lebt. Wahnsinn!
Domian: *Wieviel Stunden dauert dieser Vorgang?*
Paul: Etwa sechs Stunden.
Domian: *Wenn die Wirkung nachläßt, wirst du dann mißmutig oder gar depressiv?*
Paul: Nein. Das ist eher ein riesiger Pusch. Dann ist die Energie wieder da. Auch wenn man vorher deprimiert war. Das ist dann wie weggeblasen.
(Pause)
Domian: *Ich bin sehr baff, muß ich dir sagen. So etwas habe ich noch nie gehört.*
Paul: Ja, extrem (lacht).
Domian: *Das ist wirklich extrem. Weiß das jemand aus deinem Freundeskreis?*
Paul: Ich wollte das eigentlich niemandem erzählen, weil die Leute denken könnten, ich wolle sie unter Druck setzen. So nach dem Motto: Ich bringe mich jetzt um, wenn du dich nicht so und so verhältst.

Domian: *Das ist also dein Geheimnis, und außer mir und ein paar hunderttausend Menschen weiß es jetzt niemand (beide lachen). Warum hast du das jetzt hier erzählt? Hast du nicht Angst, daß dich jemand an der Stimme erkennt?*
Paul: Also einmal ist das nicht mein Sendebereich, und dann muß ich sagen, daß ich damit auch in psychiatrischer Behandlung bin. Ich habe das inzwischen so vielen Leuten erzählt. Ich saß auch mal in einem Hörsaal und wurde von 600 Leuten angestarrt.
Domian: *Also es wissen keine engen Freunde von dir, ansonsten ist es schon publik. Da haben sich die Psychiater wahrscheinlich auf dich gestürzt, als interessantes Forschungsphänomen.*
Paul: Ja, ich bin ein schwieriger Fall (lacht).
Domian: *Es ist ja ein schwieriger Schritt, zu einem Psychiater zu gehen. Wie kam es dazu? Warum hast du dich dafür entschieden?*
Paul: Na ja, ich habe auch noch andere Probleme. Das hängt mit meiner Persönlichkeit zusammen. Im Augenblick leide ich unter starken Angstgefühlen. Das ist halt nicht gut erträglich, und dann geht man halt zum Psychiater.
Domian: *Hast du dem Psychiater gleich von dem Gift erzählt, oder hat der erst lange bei dir wuseln müssen?*
Paul: Ich war eigentlich immer sehr offen und habe das auch immer erzählt. Deswegen komme ich auch gerne auf die Geschlossene. Da kennt man mich schon. (beide lachen)
Domian: *Wann war der letzte Trip? Ich nenne es mal so.*
Paul: Das ist eineinhalb Jahre her.
Domian: *Das ist dann doch schon sehr lange her.*
Paul: Im Augenblick glaube ich, daß mein Magen das nicht mehr mitmacht (lacht). Ich habe ihn wohl ein bißchen ruiniert.
Domian: *Und wie lange bist du jetzt deshalb in psychiatrischer Behandlung?*
Paul: (überlegt) Seit 1991.
Domian: *Das ist lange. Hast du den Eindruck, daß die Therapie Wirkung zeigt und du nicht noch mal in Versuchung gerätst?*
Paul: Also ehrlich gesagt ist das eine von den Sachen, die ich mir ungern nehmen lassen würde.
Domian: *Das heißt, es ist schon fast beruhigend für dich, dieses Röhrchen zu Hause zu haben?*
Paul: Ja, ja.
Domian: *Für den Fall der Fälle kannst du dann noch mal zugreifen.*
Paul: Genau. Das ist ganz komisch (lacht).

Domian: *Sage mir doch mal, warum dir dein Leben keinen Spaß macht.*
Paul: Es ist so eine Art Minderwertigkeitskomplex. Ich komme mir halt unheimlich nullwertig vor.
Domian: *Warum?*
Paul: Och, das ist angeboren. Was weiß ich? Frühe Kindheit kaputt, alles im Eimer ...
Domian: *Du wirkst relativ selbstbewußt und durchaus normal.*
Paul: Das mag täuschen (lacht).
Domian: *Kann sein. Bist du berufstätig?*
Paul: Bis vor kurzem. Da bin ich rausgeschmissen worden. Das hat mich auch ein wenig irritiert. Mal gucken, wie es jetzt weitergeht.
Domian: *Was hast du gemacht?*
Paul: Krankenpflege.
Domian: *Krankenpflege? Aha.*
Paul: Oje, jetzt wird es heikel.
Domian: *Das vertiefen wir jetzt mal nicht. Also Paul, ich erspare dir das Angebot, mit meiner Psychologin zu sprechen. Ich glaube, du bist da in sehr guten Händen. Ich wünsche dir, daß du das nicht mehr machst. Ich wünsche dir, daß die Psychiater Erfolg haben. Daß du Erfolg hast und daß dir das Leben wieder Spaß macht.*
Paul: Das ist ein netter Wunsch.

von Sinnen: Unglaublich, daß Paul Lust dabei empfindet, sein Leben aufs Spiel zu setzen. Hattest du Phasen, in denen du mit deinem Leben fahrlässig umgegangen bist?
Domian: Für mich war das Einschneidenste und Schwierigste, als ich Anfang der 80er Jahre nach Köln gekommen bin und zwei Jahre letztendlich sehr krank war. Ich war freß- und magersüchtig und dem Leben vollkommen abgewandt. So abgewandt, daß ich damals dachte, du wirst sterben, weil ich auch sehr viel Alkohol getrunken hatte. Ich sah in nichts mehr einen Sinn. In Anbetracht der Tatsache des Todes, war mir alles egal.
von Sinnen: Wie alt warst du, wann war das genau?
Domian: Da war ich so Mitte 20. Anfang, Mitte 20.
von Sinnen: Das war Anfang der 80er Jahre. Gab es einen Auslöser für diese Freß- und Brechanfälle?

Domian: Der Auslöser war, glaube ich, ein sehr großer innerer Zusammenbruch. Ich hatte meinen christlichen Glauben über Bord geworfen. Ich hatte keine Werte mehr. Dann kam in der Zeit auch noch hinzu, was nicht zu unterschätzen ist, daß ich sexuell in eine große Identitätskrise geriet. Wer bist du? Was bist du eigentlich? Was willst du? Es war ein Durchdrungensein von völliger Sinnlosigkeit. Ich denke daran sehr oft, wenn mir das Leute in meiner Sendung erzählen, die leichtfertig mit ihrem Leben oder ihrer Gesundheit umgehen. Es klingt immer altbakken, wenn ich sage: „Es ist so ein hohes Gut, gesund zu sein." Ich habe damals meinen Körper zwei Jahre systematisch fertig gemacht, mit Kotzen, mit Saufen, mit Kotzen und Saufen. Auch mit Fressen.

von Sinnen: Hat dich das auch finanziell in die Bredouille gebracht, weil du so viel für Essen bezahlt hast?

Domian: Ach, ich habe damals auch gejobbt nebenher und mir Billigkram bei Aldi gekauft. Das ging irgendwie.

von Sinnen: Du hast studiert zu dieser Zeit?

Domian: Ja, Germanistik, Philosophie und Politik. Aber ich war damals schon relativ unglücklich mit dem Studium, weil mich das nicht mehr so sehr interessierte. Ich war alleine in Köln, war in die Stadt gekommen, hatte wenig Anschluß gekriegt und saß in meiner kleinen Wohnung am Reichensperger Platz, ohne Telefon, im 6. Stock und fühlte mich wirklich fast völlig isoliert von der Welt.

von Sinnen: Das war also die Zeit, wo wir beide überhaupt keinen Kontakt hatten? Möchtest du mir jetzt hier mehr darüber erzählen?

Domian: Es ging so weit, daß ich wirklich an einem Punkt angekommen war, wo etwas geschehen mußte, sonst wäre ich in eine Klinik gekommen oder noch schlimmer. Ich las damals im SPIEGEL zum allerersten Mal von dem Phänomen der Bulimie. In diesem Artikel wurde von einer ersten gegründeten Selbsthilfegruppe in Köln berichtet. Kurioserweise in Köln, und da habe ich mir gedacht, gehst du da mal hin. Ich bin dann dort in einen Kreis von Menschen geraten, die eigentlich noch viel schlimmer dran waren als ich. Die teilweise heroinabhängig, Alkoholiker und freßsüchtig waren. Und das war so ein Bild des Jammers. Ich weiß noch, es ging da zu wie bei den Anonymen Alkoholikern. Man mußte immer sagen: „Mein Name ist so und so, ich bin freß- und magersüchtig, Alkoholiker, heroinabhängig und möchte, daß die Tagesordnung verändert wird." Man mußte immer diesen Satz vorwegsagen, auch wenn man irgendwas Profanes hinterher schickte. Das habe ich mir zwei Stunden angeguckt und mir gedacht: „So willst du nicht enden, dazu gehörst du nicht." Dieser Gedanke war die Initialzündung für die Eigentherapie, für die Selbsthilfe. Dann habe ich angefangen, mich in Disziplin zu üben. Ich war vorher überhaupt nicht diszipliniert, weil ich immer dachte: Ist ja alles egal. Das ging auch nicht von heute auf morgen. Es war am Anfang ein Erfolg, mal einen halben Tag nicht gekotzt zu haben. Dann war es ein Erfolg, mal einen Tag nicht gekotzt zu haben und so weiter. Und weniger Alkohol wurde es auch. Und dann habe ich mir Aufgaben gesucht, und wie durch ein Wunder habe ich damals einen Job bekommen beim WDR als Kabelträger. Ich habe angefangen zu arbeiten und wurde da plötzlich mit einem Medium konfrontiert, das mich irre faszinierte – Fernsehen. Plötzlich gab es wieder Träume. Ich hatte den Traum, da könntest du vielleicht irgendwas machen. Und das hat mich ungeheuer motiviert, mich selbst richtig in den Arsch zu treten. Immer mit dem Gedanken im Kopf, wenn du das erreichen willst, darfst du nicht zu Hause vor deinem Klo hängen und kotzen.

von Sinnen: Ist das eine Krankheit wie Alkoholismus, daß du jetzt sagen mußt, du bist nicht frei davon, das kann dich immer wieder packen?

Domian: Ich will nicht hoffen, daß es mich wieder packt. Aber es ist insofern eine Krankheit wie Alkoholismus, weil man niemals wieder ein normales Verhältnis zum Essen bekommt. Beispielsweise esse ich nie Mittag. Das hat damit zu tun. Ich denke immer darüber nach, was ich zu mir nehme. Ich esse eigentlich heute relativ normal, es ist alles im grünen Bereich.

von Sinnen: Hast du gekotzt, weil du nicht dick werden wolltest?

Domian: Das ist bei Frauen oft der Fall. Von dieser Krankheit sind ja hauptsächlich Frauen betroffen. Das hat bei mir keine große Rolle gespielt. Ich habe diesen Kotzvorgang immer als ein Entladen meiner inneren Spannungen empfunden. Da ging es nicht um meine Figur.

von Sinnen: Ging es nur um das Kotzen, oder ging es auch um das Fressen?

Domian: Es ging auch um das Fressen. Es nahm immer einen sehr seltsamen Verlauf. Ich fing an zu essen – noch lustvoll –, und es eskalierte immer in einer Anarchie des Fressens. Das heißt, daß wirklich die saure Gurke auf den Pudding kam und die vierte Pizza kombiniert wurde mit dem Glas Nutella und fünf Mars und irgendeinem Teig von einem noch nicht zubereiteten Kuchen. Das war am Anfang Lust, und hinterher war es dann nur noch Gier, Trance, ein tranceähnlicher Zustand. Ich weiß noch, wie elend und jämmerlich ich mich fühlte, wenn ich vor dem Klo hockte. Weil ich hinterher auch nicht mehr kotzen konnte. Ich habe die übliche Methode benutzt, ich habe den Finger in den Hals gesteckt.
von Sinnen: Hattest du auch schlechten Atem in der Zeit?
Domian: Das weiß ich nicht. Aber ich habe mir wie wahnsinnig die Zähne geputzt, weil immer sehr viel Säure hochkommt. Jedenfalls war es dann oft so, daß ich da hing und nicht brechen konnte. Ich sah wirklich wie eine schwangere Frau aus. Dann kam diese Panik noch hinzu, du kannst doch jetzt nicht diesen ganzen Mist in dir lassen. Was ich da für Sachen unternommen habe, um es rauszukriegen! Literweise warmes Salzwasser getrunken und so was. In diesem Zustand hast du keine Selbstachtung mehr.
von Sinnen: Hast du das in der Sendung schon mal erzählt?
Domian: Nein, noch nie! Im übrigen war es manchmal so schlimm und das Leben so unerträglich für mich, daß ich mir am späten Nachmittag vier, fünf Schlaftabletten reingezogen habe. Dazu eine Flasche Wein. Ganz einfach, um nicht mehr da zu sein. Ich lag dann bis zum Mittag des nächsten Tages im Halbkoma, und nach dem Aufwachen war alles noch schlimmer.
von Sinnen: War das auch ein Problem der Einsamkeit?
Domian: Natürlich. Ich war fast völlig allein in Köln. Ich las dann Camus oder Kafka. Was mein Sinnlosigkeitsempfinden noch verstärkte.
von Sinnen: Kannst du mir deine Eltern mal ein bißchen beschreiben – mal ein paar Sätze sagen zu Mama und Papa, wie du sie siehst.
Domian: Ich komme aus einem wirklich ganz einfachen Elternhaus, einem ganz einfachen Milieu. Ich bin Einzelkind. Meine Mutter war Putzfrau. Mein Vater war Arbeiter.
von Sinnen: Wo hat er gearbeitet?

Domian: Bei der Stadtverwaltung und beim Landschaftsverband. Er hat als Vermessungsgehilfe gearbeitet. Das sind die Leute, die den Vermessungsingenieuren zur Hand gehen beim Autobahnbau. Und hinterher war er Hausmeister. Ich glaube, daß ich sehr geprägt bin von diesem Milieu und auch von den Eltern. Und alles, was heute ist, ist mit Sicherheit ganz klar darauf zurückzuführen.
von Sinnen: Warum bist du Einzelkind geblieben?
Domian: Ach, ich habe immer eine große Sehnsucht nach einem Geschwisterchen gehabt. Ich vermute, es waren finanzielle Gründe, warum ich Einzelkind geblieben bin. Wir waren sehr arm. Aber ich habe keinen Mangel gelitten. Meine Eltern haben

Jürgen 1959, 5½ Monate, mit Mutti und Papa.

sich ungemein angestrengt, um mein Leben schön zu machen. Ich habe hohen Respekt vor dem Fleiß meiner Eltern.
von Sinnen: Gab's denn Verwandte, die deine Eltern finanziell auch mal unterstützen konnten?
Domian: Nein, niemanden. Unser gesamtes Umfeld waren damals arme Leute. Mein Vater kommt aus Westpreußen, hat das absolute Trauma des Krieges. Das trägt er in sich bis heute. Er hat Fürchterliches erlitten als ganz junger Mann. Er ist mit 17 Jahren in den Krieg geschleudert worden. Er hat alles verloren. Meine Großeltern wurden bestialisch ermordet von Polen, und er war nach dem Krieg fast völlig alleine. Und er stand dann mit 20 Jah-

ren in einer vollkommen zerstörten Welt ohne Heimat, ohne Eltern. Ich erschauere heute noch, wenn ich mir das vorstelle oder wenn er davon erzählt.

von Sinnen: Was hast du denn als kleiner Junge empfunden, was für deine Eltern Momente des Glücks waren oder der Zufriedenheit?

Domian: Wenn es materiell relativ gut lief. Das war eine ganz einschneidende Erfahrung meiner Kindheit. Und es kam natürlich immer der Satz von meinem Vater: Du sollst es mal besser haben als ich. Das geht einem natürlich als Kind bisweilen auf den Geist. Aber je älter ich wurde, desto mehr habe ich das kapiert und dann eine Energie für mich entwickelt, aus diesem Milieu herauszukommen. Weil ich nicht so leben wollte, nicht so einfach leben wollte.

von Sinnen: Kannst du dich an einen sechsten, siebten oder achten Geburtstag erinnern? Was bekamst du geschenkt?

Domian: Ja, ich kann mich an fast alle Geburtstage und an alle Weihnachtsfeste erinnern. Ich bin meinen Eltern so sehr dankbar. Sie sind ganz einfache Leute, aber sie haben mich immer wunderbar beschenkt. Ich weiß noch, da gab es zum Beispiel ein schönes Fahrrad oder ein Kofferradio oder später sogar einen Dual-Plattenspieler. Dafür mußte meine Mutter noch mehr putzen gehen, um das bezahlen zu können. Insofern sind Weihnachten und Geburtstage für mich die schönsten Erinnerungen überhaupt an meine Kindheit. Ich fieberte immer dem 21. Dezember, meinem Geburtstag, und dem 24. Dezember entgegen.

von Sinnen: War das dann so, daß du die sehr spektakulären Geschenke für Geburtstag und Weihnachten zusammen bekamst?

Domian: Nein, es gab für jedes Datum extra Geschenke. Das war die Zeit der Freude für mich. Es begannen so um den 21. die Weihnachtsferien. Ich hatte also Ferien. Dann hatte ich Geburtstag. Mit größter Spannung spekulierte ich, was meine Eltern sich denn nun ausgedacht hatten. Und ein paar Tage später war Heiligabend. Da gab es dann noch mal ein Geschenk. Und meistens lag auch noch Schnee. Ich liebe Schnee so sehr. Es war wunderbar.

von Sinnen: Warst du als Einzelkind früher ein Einzelgänger?

Domian: Also ich glaube, ich bin es heute noch immer. Und ich habe den Eindruck, je älter ich werde, desto mehr prägt es sich aus. Ich bin ein Einzelgänger. Schon früher habe ich zum Beispiel Vereine gehaßt. Ich war auch nie in irgendwelchen Sportgruppen und habe mich immer wohler gefühlt in der Ge-

sellschaft von Erwachsenen. Ich fand es blöd mit Kindern zusammenzusein. Entweder war es mir langweilig, oder ich hab es nicht gemocht, mich dem Gruppenzwang unterzuordnen. Ich hatte auch nicht viele Freunde. Nur ein paar, die so ähnlich drauf waren wie ich.
von Sinnen: Hattest du in eurer Wohnung ein eigenes Zimmer?
Domian: Nein, das war eines der ganz großen Probleme meiner Kindheit. Ich hatte kein eigenes Zimmer. Das trug auch dazu bei, daß ich nicht sehr viele Freunde hatte, weil ich mich geschämt habe, Leute nach Hause einzuladen. So lange ich zu Hause gewohnt habe, schlief ich in einem Schrankbett im Wohnzimmer.
von Sinnen: Wann hattest du deine erste eigene Wohnung?
Domian: 1977, aber es gab vorher noch ein Jahr, da haben meine Eltern, was ich ihnen auch hoch anrechne, ihr Wohnzimmer für mich geopfert. Meine Eltern haben während dieser Zeit nur in der Wohnküche gelebt.
von Sinnen: Ist ja irre.

Weihnachten 1969 mit Mutti und dem ersten Kofferradio.

Weihnachten 1970 mit Dual-Plattenspieler (unten rechts).

Domian: Ja, das fand ich auch ganz toll. Ich bin dann aber relativ schnell ausgezogen, als ich Zivildienst gemacht habe, um sie zu entlasten. Sie hatten zu zweit ja weniger Platz als ich alleine.
von Sinnen: Wo hattest du denn deine Spielsachen?
Domian: Ich hatte in unserem Küchenschrank ein großes Fach und in der Wohnküche einen kleinen Schreibtisch. Das heißt also, in dieser Wohnküche passierte im Prinzip alles, was ich gemacht habe. Als ich älter wurde, hatte ich so einen kleinen Sekretär im Wohnzimmer stehen.
von Sinnen: Konntet ihr euch denn leisten, in Urlaub zu fahren?
Domian: Nein.
von Sinnen: Bist du als Kind nie woanders als in Gummersbach gewesen?
Domian: Doch, wir waren oft bei unseren Verwandten in Berlin. Dadurch habe ich auch heute so eine Affinität zu dieser Stadt.

von Sinnen: Berlin West?
Domian: Hauptsächlich Berlin West. Es gab auch Verwandte in Hessen, die wir besucht haben. Die hatten Bauernhöfe, was ich sehr spannend fand. Und wir sind ein einziges Mal richtig in den Urlaub gefahren, nach Kiel an die Ostsee. Da habe ich zum ersten Mal, mit zwölf Jahren, das Meer gesehen.
von Sinnen: War das für dich überwältigend?
Domian: Ja, überwältigend. Mein Vater hatte mir immer gesagt: „Am Meer sieht man nur Wasser, soweit das Auge reicht." Das konnte ich mir nicht vorstellen. Ich werde nie vergessen, es war wirklich so! Wasser, soweit das Auge reicht.
von Sinnen: Haben dich deine Eltern mal enttäuscht, als Kind?
Domian: Nein, eigentlich nicht.
von Sinnen: Hast du Streit mitbekommen, wenn das so eng bei euch war. Haben deine Eltern sich gestritten?
Domian: Ja, natürlich.
von Sinnen: Haben die sich mehr als andere Eltern gestritten?
Domian: Das war im Rahmen des Normalen. Aber es ist natürlich für ein Kind immer schrecklich, vor allen Dingen, wenn man so eng zusammenlebt, wenn die Eltern sich streiten. Ich weiß noch, daß ich dann ganz verzweifelt war und dachte, die Welt bricht zusammen.
von Sinnen: Warst du ein mutiges Kind?
Domian: Ich glaube, ich war recht normal. Mein Lieblingssport war Schwimmen. Ich bin wie ein Wahnsinniger schwimmen gegangen. Sonst habe ich Sport nicht gerne gemocht. Schon gar nicht Fußball. Und Handball habe ich regelrecht gehaßt. Lange Zeit war der Captain der Gummersbacher Handballmannschaft, Klaus Brand, mein Klassenlehrer. Wir sind zugesülzt worden mit Handball. Handball fand ich provokativ hinterher. Ich konnte es nicht mehr hören.
von Sinnen: Wie kommt es, daß ich mir dich nicht mit einem Haustier vorstellen kann?
Domian: Ach, ich hatte einige Haustiere. Zum Beispiel einen weißen Hamster. Der hieß Purzel.
von Sinnen: Ein ganz weißer? Ein Albino mit roten Augen?
Domian: Ja, den habe ich sehr geliebt. Leider verstarb er irgendwann.
von Sinnen: Wie alt wurde er?
Domian: Weiß ich nicht. Ungefähr zwei Jahre. Dann hatte ich

eine Meersau, die hieß auch Purzel. Und war auch weiß mit roten Augen.

von Sinnen: (lacht) Was warst du doch für ein einfallsreicher Namensgeber. Und was war das nächste Purzel für ein Tier? Vielleicht ein Schimmel mit roten Augen?

Domian: Tiere mochte ich sehr. Ich hätte supergerne einen Hund gehabt. Und habe deswegen meine Eltern wirklich totgequatscht. Aber es ging halt nicht in der kleinen Wohnung. Dafür hatte ich später noch einen Wellensittich – Hansi – und ein paar öde Fische – ohne Namen.

von Sinnen: Hast du dir später dann einen Hund zugelegt?

Domian: Nein.

von Sinnen: Den Traum nie erfüllt?

Domian: Wenn ich auf dem Land leben würde, hätte ich auch einen Hund. Aber so nicht.

von Sinnen: Gab es für dich harte Strafen in der Erziehung, wenn du den einen oder anderen Unsinn gemacht hast?

Domian: Ach, ich habe schon immer mal wieder eine gescheuert bekommen, hatte auch erheblichen Respekt vor meinem Vater. Mein Vater ist eine sehr starke Persönlichkeit.

von Sinnen: Hattet Ihr damals schon einen Fernseher?

Domian: Als ich zehn Jahre war, bekamen wir den ersten. Das war eine Sensation. Wir waren die ersten in der Verwandtschaft.

von Sinnen: Jetzt saßt du in der Küche an deinem kleinen Schreibtisch und hast deine Hausaufgaben gemacht. Haben deine Eltern deine Hausaufgaben betreuen können?

Domian: Ja, in einem gewissen Rahmen. Hinterher, je weiter ich dann aufstieg in den Schuljahren, ging das nicht mehr. Da habe ich alleine vor mich hingewurstelt.

von Sinnen: Warst du denn ein guter Schüler Zeit deines Lebens?

Domian: Nein. Ich war auf der Volksschule, Hauptschule so normaler Durchschnitt. Und ich erinnere mich noch an eine Situation: Ich saß an meinem kleinen Schreibtisch in unserer Küche und hatte schlechte Noten mit nach Hause gebracht. Aus der Volksschule. Und mein Vater las das und sagte: „Steh mal auf, und guck jetzt mal raus." Auf der Straße waren – es war ein sehr heißer Sommer – Arbeiter, die sehr mühselig die Straße neu teerten. Er sagte weiter: „Wenn du so was später machen willst, dann mach mal weiter so. Wenn du was anderes machen willst, dann setz dich auf den Hosenboden." Es ist witzig, es ist so lange her.

Das hat mich damals richtig beeindruckt. So wollte ich nun eben nicht leben und arbeiten. Auf der Volksschule blieb ich Mittelmaß, wurde aber von Seiten der Lehrer auch überhaupt nicht gefördert. Ich werfe es ihnen heute noch vor. Sie hatten so einen Standesdünkel. Ein Kind aus einer Arbeiterfamilie gehörte ihrer Meinung nicht aufs Gymnasium oder die Realschule. Die ganze Volks- bzw. Hauptschulzeit sind wir Kinder aus ärmeren Familien, so habe ich es in Erinnerung, von der verehrten Lehrerschaft gedemütigt worden. So nach dem Motto: „Wer seid ihr denn schon? Nichts seid ihr!"

von Sinnen: Hast du das Gefühl, daß dich das damals schon gewurmt hat?

Domian: Ja, sehr. Ich werde die Wut, die ich damals hatte, nie vergessen.

von Sinnen: Hast du denn da mit deinen Eltern drüber diskutiert? Gab es Momente, wo du gesagt hast: „Papa, Mama, irgend etwas stimmt doch da nicht, warum ist die Welt so?"

Domian: Ja, aber ich glaube, daß die sich abgefunden hatten mit ihrer gesellschaftlichen Stellung.

von Sinnen: Erinnerst du dich gerne an deine Kindheit?

Domian: Ich erinnere mich gerne an mein gutes Elternhaus. An alles andere erinnere ich mich nicht gerne.

von Sinnen: Bist du stolz auf deine Eltern?

Domian: Ja. Ich respektiere sie sehr und habe Hochachtung vor ihrem Schicksal. Sie haben das Beste aus ihrem Leben gemacht.

von Sinnen: Sind deine Eltern stolz auf dich?

Domian: Ja, ich glaube in gewisser Weise ja. In gewisser Weise wiederum auch nicht, weil ich im Moment beruflich etwas mache, was nicht ihrem Geschmack entspricht, und ich in der Öffentlichkeit auftrete mit Themen und mit Ansichten, derer sie sich schämen.

von Sinnen: Bist du auch politisch erzogen worden in deinem Elternhaus? Gab's da politische Diskussionen?

Domian: Ja, mein Vater ist politisch sehr interessiert, und das ist eine richtig verwurzelte sozialdemokratische Familie, aus der ich komme. Auch was die Verwandtschaft betrifft. Bei uns wurde immer die Tagesschau und der Internationale Frühschoppen geguckt. Insofern bin ich mit Politik früh konfrontiert worden. Und ich weiß, daß mein Vater immer sagte, der Willy Brandt, der tut was für uns kleine Leute. Der trägt dazu bei, daß wir gerechter behandelt werden.

von Sinnen: Hast du dich als Kind von deinen Eltern sehr behütet gefühlt?
Domian: Ja, ausgesprochen.
von Sinnen: Ich bin auch so dankbar, daß ich eine unbeschwerte Kindheit erleben durfte. Denn wie oft hört man in deiner Sendung von Gewalttaten gegenüber Kindern.

Telefongespräch aus Eins Live DOMIAN:
Selbstjustiz

Domian: *Stefan, 27 Jahre. Hallo.*
Stefan: Hallo.
Domian: *Rache und Vergeltung heißt unser Thema.*
Stefan: Ich bin voller Wut und Haß. Ich gehöre eigentlich zu der Gruppe von Menschen, die jetzt auch Rache ausüben wollen. Vor zwei Jahren ist mein kleiner Bruder vergewaltigt worden. Von einem Mann aus unserer Nachbarschaft. Den sehe ich jeden Tag.
Domian: *Wie alt war der kleine Bruder damals?*
Stefan: Der war sechs. Und der Mann hat auch zwei Jahre Knast bekommen.
Domian: *Also der hat den Kleinen sexuell mißbraucht?*
Stefan: Mein Bruder hatte sogar innere Verletzungen. Hast du Geschwister?
Domian: *Nein.*
Stefan: Aber du kannst dir das bestimmt vorstellen. Und der Mann hat nur zwei Jahre bekommen! Der Typ ist jetzt wieder draußen, läuft frei herum. Mein Bruder hat voll den Knacks weg. Der ist psychisch total gestört. Der guckt einen nicht mehr an, wenn man mit ihm redet. Er läßt sich nicht mehr berühren.
Domian: *Ist der Kleine denn nach der Tat in psychologischer Betreuung gewesen?*
Stefan: Selbstverständlich.
Domian: *Aber es hat nicht richtig genutzt?*

Stefan: Ich weiß nicht. Inzwischen ist er ja acht Jahre. Er hat sich total verändert. Er macht sich unterbewußt Vorwürfe. Er meint, er sei schuld. Er hatte noch nie vorher ein böses Erlebnis mit Menschen. Und dann so etwas! Ich habe mich jetzt entschlossen, dem Mann mit ein paar Kumpels aufzulauern und ihn so zusammenzuschlagen, daß er am eigenen Leibe mal spürt, wie so etwas ist. Zwei Jahre!? Das kann es ja wohl nicht sein!
Domian: *Nein, es ist viel zu wenig. Wir haben ja nun schon häufig hören müssen, daß solche Täter, die dann freigelassen wurden, wieder so ein Verbrechen begangen haben.*
Stefan: Rein emotional würde ich sagen, solche Leute müßte man umbringen oder lebenslänglich wegsperren. Ich war immer ein Gegner der Todesstrafe, aber ich habe jetzt so einen Haß, so eine Wut!
Domian: *Völlig klar. Es kann also jetzt sogar so kommen, daß dein kleiner Bruder dem Mann auf der Straße begegnet?*
Stefan: Ja klar, das ist möglich!
(Domian holt tief Luft)
Stefan: Wir haben auch nicht die finanziellen Möglichkeiten, wegzuziehen.
Domian: *Wie hat sich denn der Mann damals im Prozeß zu der Tat gestellt?*
Stefan: Er hat es geleugnet. Aber es war einwandfrei bewiesen, weil das gerichtsmedizinische Gutachten die Spermaproben analysiert hat.
Domian: *Hat denn dein Bruder damals gesagt, daß der Mann es war? Oftmals haben kleine Kinder ja auch Angst, etwas zu sagen?*
Stefan: Er war zunächst für eine Zeit total gestört. Also wirklich total. Keiner wußte, was mit ihm los war. Ich habe ihn dann noch angemacht. Ich mache mir jetzt voll die Vorwürfe. Ich wußte ja nicht, was mit ihm los war. Und da ist er halt damit rausgebrochen. Er kannte ihn ja auch.
Domian: *Aber er hat euch dann beschrieben, was der Mann mit ihm gemacht hat?*
Stefan: Er hat es uns sehr vage beschrieben. Wir waren dann auch bei einem Arzt, und er hatte innere Verletzungen. Zwar nicht in einem riesigen Ausmaß, aber trotzdem. Und die Polizei hat einwandfrei rekonstruieren können, was da abgelaufen ist. Die Einzelheiten will ich jetzt dir und mir ersparen.
Domian: *Wie alt ist der Mann?*

Stefan: Ein Jahr älter als ich.
(Pause)
Domian: *(holt tief Luft) Stefan, das mit der Selbstjustiz ist wirklich so eine Sache. Ist dir klar, nicht?*
Stefan: Stelle dir mal vor, deinem Freund oder deiner Freundin passiert so etwas. Und das Arschloch kommt nach zwei Jahren frei. Mein Bruder sieht den! Da bricht doch alles wieder in ihm auf! Ich bringe ihn ja nicht um, aber zumindest ein paar Wochen Krankenhaus muß ja wohl drin sein.
Domian: *(überlegt lange) Ich kann das emotional voll nachvollziehen.*
Stefan: Was würdest du denn machen?
(lange Pause)
Stefan: Ich rufe ja bei dir an, weil ich verzweifelt bin.
Domian: *Ich will dir ganz ehrlich sagen, daß das jetzt eine ganz schwierige Situation für mich ist. Natürlich bin ich rational ganz klar gegen Selbstjustiz. Das muß man den Behörden überlassen. Aber ich bin ja auch noch Mensch, und ich bin nicht immer Moderator eines öffentlich-rechtlichen Senders.*
(Pause)
Domian: *Vielleicht würde ich genauso denken wie du.*
Stefan: Das Arschloch läuft jetzt frei herum! Ohne Therapie!
Domian: *Ich habe dir jetzt meine Meinung und meine Gefühle gesagt. Belassen wir es dabei.*
Stefan: Ja gut, aber was soll ich denn jetzt machen?
Domian: *Ich bin in einer ganz, ganz schwierigen Lage. Ich muß dir sagen, daß du es nicht tun sollst.*
Stefan: Aber ich kann nicht anders! Das ist mein Bruder!
Domian: *Interpretiere daraus bitte, was du willst. Ich sage es noch einmal: Ich muß es dir sagen! Mein Herz ist dir da vielleicht näher.*
Stefan: Ich glaube, ich verstehe das schon richtig und bedanke mich dann für das Gespräch.

von Sinnen: Du hast Stefan im Prinzip signalisiert: „Räche dich!" Wie hast du dich dabei gefühlt?
Domian: Sehr schlecht, sehr zwiegespalten. Mir ist während des Gesprächs das Herz in die Hose gerutscht. Ich konnte Stefan

sehr gut verstehen. Würde mein kleiner Bruder oder mein Kind geschändet – ich könnte für nichts garantieren. Im Fernsehen aber kann, darf und will ich nicht zur Selbstjustiz aufrufen. Zwar hatte ich das nicht so eindeutig in der Sendung gesagt, aber allen war klar: Der Domian würde dem auch eine in die Schnauze schlagen. Ich habe überlegt und überlegt – und dann am nächsten Tag hatte ich eine Idee. Ich rief Stefan noch einmal an, privat. Er sagte, was ich in der Nacht auch so verstanden hatte, daß er, Stefan, für seinen kleinen Bruder ein ganz wichtiger Bezugspunkt sei, wenn nicht der wichtigste. Und wir redeten hin und her – und dann habe ich ausgeholt: „Dein Kleiner ist so auf dich fixiert. Wem nutzt es, wenn du den Verbrecher fertig machst? Niemandem! Schon gar nicht deinem Bruder. Wahrscheinlich wird der Typ dich anzeigen. Wahrscheinlich gibt es eine Gerichtsverhandlung. Und vielleicht wanderst du in den Knast. Und dann? Dann steht dein Bruder ganz alleine da! Willst du das?" Diese Überlegung hatte gesessen, und ich glaube, damit habe ich ihn überzeugt. Mit moralischen Argumenten, so nach dem Motto, Selbstjustiz ist schlecht, hätte ich ihm nicht kommen können.

von Sinnen: Für mich ist das ein ganz großes Problem mit dem Mißbrauch von Kindern und wie man diesen Straftätern, die ja nun doch zu 99,8 Prozent Männer sind, umgeht. Ich habe neulich im Suff schon wieder von Todesstrafe gelallt, aber ich weiß ja, ich bin links und muß gegen die Todesstrafe sein. Nicht nur weil ich links bin, sondern weil ich weiß, daß kein Mensch das Recht hat, anderen Menschen das Leben zu nehmen. Ich bin ganz durcheinander bei diesem Thema. Das Minimalste, was ich mir vorstellen kann, ist Penisamputation und Kastration, aber so weit würde ich dann doch gehen wollen.

Domian: Ich muß sagen, daß ich da auch eine sehr große Kehrtwende gemacht habe in den letzten Jahren. Ich habe früher sehr lange im Jugendstrafvollzug ehrenamtlich gearbeitet und war sehr vertraut mit der gesamten Problematik des Strafvollzuges. Auch mit dem Gedanken, der uns durch die Sozialwissenschaften seit 20 Jahren nahegelegt wird, nämlich, daß man letztendlich die Beweggründe des Täters begreifen muß und daß sie zurückzuführen sind wiederum auf dramatische, biographische Ereignisse. Das habe ich bis vor kurzem auch noch so unterstrichen. Heute denke ich anders. Und ich kriege einen Hals, wenn ich von den Grünen höre, daß sie die lebenslange Strafe abschaffen wol-

len. Wir werden traurigerweise fast monatlich konfrontiert mit den schlimmsten Kinderschändungen, und irgendein Sozialromantiker von den Grünen, eine Sozialromantikerin in diesem Fall, verlangt, daß die lebenslange Strafe abgeschafft wird. Ich habe irgendwann so einen radikalen Wechsel in mir vollzogen, daß ich sage: Ich will auch Rache, aber im Rahmen unserer Gesetze. Und diese Rache soll so aussehen, daß dieser Mensch niemals wieder in die Öffentlichkeit kommt. Er soll eine Haftstrafe bekommen bis an sein Lebensende. Mit anschließender Sicherheitsverwahrung. Ich will keine Vergebung. Es gibt Sachen, die möchte ich nicht vergeben.
von Sinnen: Wie findest du Kastration und Penisamputation?
Domian: Ich weiß nicht, ob das ausreicht. Du kannst dir heute auf dem Schwarzmarkt alle möglichen Hormone besorgen. Und jeder Kastrierte kann ein sexuelles Verlangen haben. Die Nudel wächst zwar nicht mehr nach, aber das Schlimme wird ja auch nicht nur mit dem Penis verursacht. Das wäre sicher eine gute persönliche Strafe, aber es ist nicht die Lösung. Es muß heißen: „Hinter Gitter!" Lange. Die Lösung heißt auch, knallharte Strafen. Ich bin für rigorose Bestrafung. Ich finde generell, daß unser Rechtssystem viel zu lasch ist, mit zahlreichen Gewaltdelikten viel zu locker umgegangen wird. Wenn für einen Raubüberfall am hellichten Tag auf offener Straße, die Strafen so eklatant hoch wären, wie sie leider nicht sind, glaube ich, daß das eine abschreckende Wirkung hätte. Es wäre zumindest eine Genugtuung für die Opfer.
von Sinnen: Ich finde die Justiz auch oft merkwürdig. Zum Beispiel Steuerhinterzieher: Die müßten meiner Meinung nach nur Gelder zurückzahlen an soziale Einrichtungen und selber sozial arbeiten. Aber die müssen doch nicht hinter Gitter.
Domian: Ich finde auch. Es gibt in Amerika interessante Experimente mit Gewalttätern, mit Schwerverbrechern, die brutal bestraft werden. Die werden in den Gefängnissen ungeheuer rangenommen. Das wäre in Deutschland gar nicht durchsetzbar. Aber dieses geht einher mit einem ganz rigiden und knallharten Resozialisierungsprogramm. Das finde ich gut. Strafe, schlimme Strafe kombiniert mit einem Resozialisierungsprogramm, daß die hinterher eine Chance haben. Es ist niemandem damit gedient, die Menschen völlig fertig zu machen, als Ruinen quasi aus dem Knast zu entlassen. Die müssen auch eine Chance haben, was zu lernen, eine Ausbildung zu bekommen.

von Sinnen: Wie findest du denn so Maßnahmen, daß ein Richter Menschen dazu verdonnert, mit Schildern herumzulaufen: „Ich habe gestohlen!"
Domian: Albernes Zeug.
von Sinnen: Oder, daß die Sträflinge wieder wie anno dazumal in Ketten Straßenarbeiten machen.
Domian: Gegen Arbeit in einem gewissen Sinne – ich will das Wort „Zwangsarbeit" nicht benutzen, weil das zu negativ belastet ist in Deutschland – hätte ich nichts. Dieses als ein Teil der Wiedergutmachung. Warum nicht!?
von Sinnen: Thema Todesstrafe. Ist sie für dich diskutabel?
Domian: Es gibt natürlich das große Gegenargument gegen die Todesstrafe: Was ist, wenn dieser Mensch unschuldig hingerichtet wird, was ja immer wieder vorgekommen ist. Wenn jemand unschuldig zehn Jahre im Gefängnis saß, ist das auch eine Katastrophe. Aber man kann eventuell noch etwas gut machen. Und vielleicht ist es eine viel größere Bestrafung für einen Kinderschänder, wenn er Zeit seines Lebens eingesperrt ist?

Telefongespräch aus Eins Live DOMIAN:

Mord

Fiona: (ganz leise) Hallo Domian, mein Lebensgefährte ist vor zehn Jahren ermordet worden.
Domian: *Wie ist es zu diesem Verbrechen gekommen?*
Fiona: Er wußte zuviel. Derjenige, der ihn umgebracht hat, hat halt Angst gehabt, daß er plaudert.
Domian: *Was wußte er zuviel?*
Fiona: Er war im Milieu, und die haben gemeinsam ein anderes Bordell angesteckt und mit Haschisch usw. gehandelt.
Domian: *Was hat dein Freund damals genau gemacht?*
Fiona: Wir haben beide in einem Bordell gearbeitet. Er war Geschäftsführer, und ich habe angeschafft.
Domian: *Und er war in zu viele Dinge verstrickt?*

Fiona: Ja, er wußte zuviel.
Domian: *Wie ist dann der Mord genau passiert?*
Fiona: Er wurde aus dem Haus gelockt. Die haben ihn dann am Bahnhof abgepaßt, haben ihn weggebracht und ihn dann umgebracht und ... (Pause)
Fiona: ... zerstückelt.
Domian: *Zerstückelt?*
Fiona: Ja!
(Pause)
Domian: *Also zuerst entführt. Wohin? Weißt du das?*
Fiona: In das Bordell von seinem Bekannten.
Domian: *Wie wurde er umgebracht?*
Fiona: Sie haben ihn bestialisch erstochen.
Domian: *Und das ist dann hinterher alles so genau aufgeklärt worden?*
Fiona: Ja
Domian: *Wie lange hat es gedauert, bis der Fall dann geklärt war?*
Fiona: Fast drei Jahre.
Domian: *Wie hast du damals davon erfahren?*
Fiona: Aus der Zeitung.
Domian: *Aus der Zeitung?*
Fiona: Ja.
Domian: *Hast du ihn nicht vermißt?*
Fiona: Doch, aber ich habe gedacht, er hat eine Dummheit gemacht und sich abgesetzt.
Domian: *Er ist so bestialisch ermordet worden ... Wie kannst du dir das erklären? Er sollte doch nur zum Schweigen gebracht werden.*
Fiona: Ich kann mir das überhaupt nicht erklären.
Domian: *Da steckte dann ja auch ein ungeheurer Haß dahinter. Gab es denn alte Geschichten?*
Fiona: Nein, wir wollten aussteigen. Das war im Prinzip alles.
Domian: *Also, du kannst dir diese ungeheure Brutalität nicht erklären?*
Fiona: Nein.
Domian: *Kanntest du damals den Mörder?*
Fiona: Ja.
Domian: *Hättest du ihm das vorher zugetraut?*
Fiona: Niemals! Es sind dann ja noch weitere Morde aufs Tablett gekommen. Er hat insgesamt drei Menschen umgebracht.

Domian: *Hatte dein Lebensgefährte in diese Richtung auch mal Angst geäußert?*
Fiona: Nie.
Domian: *Es kam also alles völlig überraschend?*
Fiona: Ja.
(Pause)
Domian: *Warst du bei der Gerichtsverhandlung dabei?*
Fiona: Ja.
Domian: *Du hast dann den Mörder deines Freundes gesehen?*
Fiona: Ja.
Domian: *Was war das für ein Gefühl?*
Fiona: Wenn ich gekonnt hätte, hätte ich ihn abgestochen.
(Pause)
Fiona: Ich habe einen Haß gehabt, und den habe ich heute noch.
Domian: *Zu was ist er verurteilt worden?*
Fiona: Dreimal lebenslänglich.
Domian: *Das heißt, er sitzt immer noch?*
Fiona: Ja! (fängt an zu weinen) Und ich weiß nicht, was ich mache, wenn ich den Tag erlebe, an dem er herauskommt.
(Pause)
Domian: *Diesen Tag wird es geben, meinst du? Weißt du wann?*
Fiona: Ich weiß nicht wann, aber ich lebe auf diesen Tag hin.
Domian: *Was heißt das?*
Fiona: (weinend) Ich will diesen Menschen fragen „Warum?". Er hat während der ganzen Gerichtsverhandlung überhaupt keine Anzeichen von Reue gezeigt.
Domian: *Wie hat er das denn in der Verhandlung begründet?*
Fiona: (verzweifelt) Er hat überhaupt nichts begründet!
Domian: *Er hat überhaupt nichts begründet?*
Fiona: Nichts.
Domian: *Er hat während der ganzen Verhandlung geschwiegen?*
Fiona: Ja.
Domian: *Das ist ja ungeheuerlich!*
Fiona: Seine Mittäter haben den Mund aufgemacht, er aber überhaupt nicht.
(lange Pause)
Domian: *Du hast deinen Lebensgefährten sehr geliebt?*
Fiona: (holt tief Luft) Ja.
Domian: *Wie lange warst du mit ihm zusammen?*
Fiona: Fast zehn Jahre.

Domian: *Und obwohl jetzt so viele Jahre vergangen sind, gibt es kein Darüberhinwegkommen für dich?*
Fiona: Nein.
(Pause)
Fiona: Auch deswegen, weil nicht der ganze Mensch begraben wurde, sondern nur ein Teil.
Domian: *(erstaunt) Wurde der andere Teil nicht gefunden?*
Fiona: Nein, es wurde nur der Rumpf gefunden. Arme, Beine, Kopf ... alles war abgetrennt.
(lange Pause)
Domian: *Wurde das auch im Gericht thematisiert?*
Fiona: Ja.
Domian: *Und dazu hat er sich auch nicht geäußert?*
Fiona: (wieder etwas gefaßter) Nichts, nichts.
Domian: *Das ist ja ein Tier!*
Fiona: Nein, ein Tier ist humaner.
Domian: *(überlegt) Wenn dieser Tag kommen wird und er frei ist ... Erfährst du das überhaupt?*
Fiona: Ja, ich habe einen Bekannten bei der Kripo.
Domian: *Ist dein Haß immer noch so groß, daß du für dich nicht garantieren ...*
Fiona: (entschlossen) Nein, ich kann nichts garantieren!
(Pause)
Domian: *Was überwiegt denn mehr? Der Haß und das Rachegefühl oder einfach das Wissenwollen „warum"?*
Fiona: Eigentlich der Haß, daß ein Mensch so bestialisch umgebracht wird, ohne eine Chance zu haben, sich zu wehren (weint).
Domian: *Er hat ja dein Leben mit zerstört. Wenn man so sehr haßt und so sehr unglücklich ist, ist doch das ganze Leben eigentlich kaputt.*
Fiona: Ja, und ich kann auch nie wieder eine andere Beziehung aufbauen.
Domian: *Du hattest keinen anderen Mann seitdem?*
Fiona: Nein.
(Pause)
Domian: *Weißt du Fiona, ich glaube, daß jeder, der das hört, nachvollziehen kann, was für eine Wut, für ein Haß in dir lebt. Ich kann das nachvollziehen, absolut nachvollziehen! Ich glaube aber, daß alles noch viel schlimmer würde, wenn du irgend etwas anrichtest.*

Fiona: Ich kann keiner Fliege etwas antun. Aber ich kann nicht garantieren. Wenn der mir gegenübersteht... Ich weiß nicht.
Domian: *Willst du sogar zu ihm hingehen?*
Fiona: Ich will vorm Gefängnis warten.
Domian: *Vor dem Gefängnis warten?*
Fiona: Ja.
Domian: *(holt tief Luft) Weißt du, was mir gerade durch den Kopf geht? Du bist jetzt schon so sehr vom Unglück gezeichnet. Ich möchte nicht, daß du noch unglücklicher wirst und unter Umständen diesen Menschen tötest.*
Fiona: (verzweifelt) Ich habe doch nichts mehr zu verlieren!
(Pause)
Domian: *Hast du in den letzten Jahren mit deiner Trauer alleine gelebt oder hattest du jemanden, mit dem du über alles reden konntest?*
Fiona: Nein.
Domian: *Vielleicht ist das auch ein Fehler, Fiona. Ich glaube, man dreht sich immer im Kreis und denkt immer dasselbe und zerfrißt sich dann von innen.*
Fiona: (weint jetzt bitterlich) Ich weiß!
Domian: *Ich glaube, daß es wirklich gut wäre, wenn du einen Menschen hättest, der dir einfach mal zuhört, mit dem du reden kannst. Ich vermute, daß du immer grübelst und immer dasselbe denkst.*
Fiona: Es vergeht kein Tag, an dem ich nicht damit konfrontiert werde.
Domian: *Bist du noch berufstätig?*
Fiona: Nein, ich bin schwer krank.
Domian: *Auch das noch.*
(Pause)
Domian: *Wenn du meine Sendung kennst...*
Fiona: Ich schaue fast immer.
Domian: *... dann weißt du, daß im Hintergrund immer tolle Leute arbeiten, auch ein Psychologe. Ich möchte sehr gerne, daß du mit Elke redest. Sie läßt sich gleich sehr viel Zeit, so daß ihr beide ausgiebig miteinander reden könnt. Denkt noch mal gemeinsam darüber nach, was sein wird, wenn dieser Mann aus dem Knast kommt. Und überlegt auch mal, ob du nicht einen Menschen finden kannst, mit dem du dich öfter über alles unterhalten kannst.*
(Pause)

Domian: *Liebe Fiona, ich danke dir sehr herzlich für dein Vertrauen, daß du mir von deiner Trauer und deinem Leid erzählt hast.*
Fiona: O. K.
Domian: *Alles, alles Gute!*

von Sinnen: Was sagt man Menschen, denen von anderen Menschen das Liebste genommen wurde?
Domian: Die ganze Sendung damals stand unter dem Thema Mord. Die Betroffenheit bei mir läuft sicher auch mit über die Schiene, über die sie bei allen Menschen läuft. Erst einmal tut einem der Anrufer leid, aber danach bezieht man das immer auf sein eigenes Leben und denkt: „Oh Gott, wenn das mein Freund gewesen wäre?" Ich glaube, dadurch wird das Mitempfinden erst so intensiv. Letztendlich kann man in einem solchen Fall den Leuten nur ein Forum geben, über ihre Trauer zu sprechen. Sie melden sich ja immer freiwillig. Man kann zuhören, man kann, wenn es frisch ist, sein Beileid aussprechen, was auch ehrlich gemeint ist. Früher fand ich das immer blöd, wenn man „Herzliches Beileid" sagte. Heute verstehe ich, daß das gut ist, so etwas zu äußern. Mehr kann ich nicht machen.
von Sinnen: Vergrößern diese Gespräche deine Lebensangst?
Domian: Das ist eine sehr gute Frage in dem Zusammenhang. Durch das, was wir in der Sendung so oft zu hören bekommen, ist mir erst richtig klar geworden, an welch seidenem Faden alles, auch mein Leben, hängt.
von Sinnen: Wie fühlst du dich nach solchen Sendungen?
Domian: Ich nehme die Geschichten mit nach Hause und bin alleine mit ihnen. Aber wir wollen das nicht dramatisieren. Es gibt mittlerweile eine gewisse Routine und Professionalität, mit solchen Dingen umzugehen. Ich mache das eine Stunde in der Nacht. Es gibt Tausende und Abertausende von Menschen, die zehn Stunden am Tag in der Altenpflege, in der Behindertenbetreuung als Krankenpfleger, als Ärzte mit noch viel schlimmeren Dingen konfrontiert sind – dagegen bin ich ein kleines Licht. Deswegen will ich das gar nicht so hoch bewerten. Ich komme damit ganz gut zu Rande, so wie das bisher läuft.

von Sinnen: Warst du denn selber schon einmal in Therapie?
Domian: Nein, ich habe ein sehr gespaltenes Verhältnis zur Psychotherapie. Obgleich ich mit fünf Therapeuten zusammenarbeite, die ich sehr schätze. Aber ich stehe generell der Einrichtung Psychotherapie sehr kritisch gegenüber, weil ich glaube, daß sehr viel Schindluder getrieben wird, daß sehr viel Geldschneiderei damit im Spiel ist und daß manche Menschen mehr deformiert werden, als ihnen geholfen werden kann. Dennoch weiß ich natürlich, daß es ohne diese Berufssparte nicht geht. Ich glaube – ich sage es jetzt sehr allgemein –, daß die Psychotherapie maßgeblich daran beteiligt ist, daß die Menschen egoistischer geworden sind. Man sensibilisiert sie dazu, daß jeder Furz des Gehirnes ernst genommen und auch noch ausgelebt wird und daß Tugenden wie Disziplin oder Solidarität überhaupt keine Rolle mehr spielen. Ich war zufälligerweise in den letzten 10, 15 Jahren immer wieder sehr eng befreundet mit Psychologen. Ich möchte noch ein Beispiel nennen zum Thema psychologische Ideologie: Ich hatte eine sehr enge Freundin, die kassenärztlich anerkannte Psychologin ist. Wir sprachen über den Fall eines Menschen, der einen Buckel hat. Wir haben konstruiert: Dieser Buckel kann mit einem normalen Risiko operativ entfernt werden. Wie geht man mit diesem Menschen um? Die Diplompsychologin, meine Freundin, trat vehement dafür ein, daß dieser Mensch eine Psychotherapie machen sollte, um sich letztendlich damit zu arrangieren und eben nicht zu einem Chirurgen zu gehen, was ich für die natürlichste Form der Therapie überhaupt gehalten hätte. Also, er sollte zum Psychotherapeuten gehen, er sollte in die Richtung therapiert werden: „Ich habe einen Buckel und bin trotzdem schön." Welch ein Blödsinn!
von Sinnen: Wobei natürlich ein Buckel ein extremes Beispiel ist. Wenn es wirklich so ein extrem auffälliges Ding ist und der Mensch einen großen Leidensdruck hat und man kann es operativ entfernen, dann ist es O. K. Aber ich kann zum Beispiel diese ganze Nasen-Abschneid-Hysterie überhaupt nicht nachvollziehen, wenn Frauen sich die Nasen verkleinern lassen und denken, damit seien alle Probleme vom Tisch. Ich bin prinzipiell auch eine Freundin davon, daß man zu seinem Äußeren steht, daß man sich liebt, so wie man ist.
Domian: Alle Probleme sind nicht vom Tisch, aber zwei Zentimeter Nase sind vom Tisch. Wenn du zeitlebens eine Pinocchio-

nase gehabt hättest, und man kann die relativ einfach operieren, bin ich sicher, daß du die Letzte wärest, die sich nicht operieren lassen würde.
von Sinnen: Ich bin sicher, daß du im Unrecht bist. Ich liebe Nasen. Je länger, desto schöner.
Domian: Wenn du nicht darunter leidest. Aber stell dir vor, du leidest darunter.
von Sinnen: Prinzipiell finde ich „Ich habe einen Buckel und ich bin schön!" einen ganz guten Ansatz.
Domian: Da bin ich ganz anderer Auffassung. Ich glaube, daß man den Leuten etwas einredet, was man viel einfacher anders haben könnte. Wobei ich dir durchaus recht gebe, daß diese ganze Schönheitsmanie, nach üblem amerikanischem Vorbild, natürlich bescheuert ist.
von Sinnen: Kannst du dich an dramatische Wochen im Bett oder im Krankenhaus erinnern? Hast du schlimme Unfälle gehabt?
Domian: Ja, es gab zwei Sachen, an die ich mich erinnere. Es waren keine schlimmen Unfälle, aber ich hatte einen sehr komplizierten Beinbruch mit 14. Und ich lag 12, 13 Wochen in Gips. Und während dieser Zeit bekam ich dann auch noch eine Blinddarmentzündung. Und in dem Zusammenhang erinnere ich mich an etwas sehr Schreckliches für mich damals. Ich mußte nachts notoperiert werden im Krankenhaus von Bergneustadt. Und das Krankenhaus in Bergneustadt, eine kleine Stadt neben Gummersbach, war so rückständig, daß man nicht mit einer Spritze narkotisiert wurde, sondern man bekam wirklich – so stell' ich mir das vor 100 Jahren vor – so ein Tuch auf die Nase gelegt, und dann träufelten die Äther oder was auch immer das war, darauf. Das hab' ich so plastisch in Erinnerung, das war ein Todeskampf. Ich hab gedacht ich ersticke, und irgendwann war ich weg. So stell' ich mir immer vor, muß es sein, wenn man ertrinkt.
von Sinnen: Und du lagst vorher zu Hause mit deinem Gips?
Domian: Ja, ich wurde nachts in einer hochdramatischen Aktion, weil der Blinddarm zu platzen drohte, nach Bergneustadt gebracht. Das Gummersbacher Krankenhaus war voll.
von Sinnen: Kein Mensch geht gerne ins Krankenhaus, aber ist das bei dir eher traumatisch gewesen?
Domian: Ja, ich hatte so ein wahnsinniges Heimweh, daß ich Verwandten kleine Zettelchen zugeschoben habe, die sie bitte meinen Eltern geben sollten, damit die mich da rausholen. Ich habe

dieses Krankenhaus als ganz furchtbar in Erinnerung. Ein Riesenzimmer mit vielen Patienten, und es gab keinen Tropf nach der Operation, das heißt ich hatte einen ungeheuren Durst und Hunger.
von Sinnen: Du hattest Heimweh, und es waren sehr viele Leute in dem Krankenzimmer. Aber zu Hause hattest du doch auch keinen wirklich privaten Bereich.
Domian: Doch, es gab ein paar Quadratmeter, die waren meine private Welt. Das war die Rückwand meines Schrankbettes. Die habe ich mir oft beklebt mit allerlei Fotos und Bildern. Das durfte ich auch, weil das Bett tagsüber hochgeklappt wurde, man sah dann nichts mehr. Im Rest der Wohnung ging das natürlich nicht.
von Sinnen: Erinnerst du dich denn noch an das, was da hing?
Domian: Schlagerstars. Ich hab natürlich meine ganze Kindheit wie bekloppt die Hitparade geguckt. Ich konnte alle Schlager auswendig, und ich war ein großer Fan von Roy Black. Ich habe mich als Jugendlicher erst viel später für internationale Musik angefangen zu interessieren. Und Schlager mag ich heute auch noch ausgesprochen gerne. Hast du die Hitparade damals auch gesehen?
von Sinnen: Ja, natürlich habe ich sie mir angeschaut.
Domian: Wen mochtest du am liebsten?
von Sinnen: Ich glaube, ich mochte schon die Schwuchteln damals gerne: Jürgen Markus, Rex Gildo, also alles, was eine nette Fönfrisur hatte, mochte ich besonders gerne. Und da gab es auch irgendwann mal Mouth and McNeal. Das war so ein ganz Dicker mit Nickelbrille. Und da ich ja auch dick war und eine Nickelbrille trug, mochte ich den. Zurück zum Stück: Beim kleinen Jürgen regt sich die Sexualität, die ersten Schamhaare sprießen und du liegst im Wohnzimmer deiner Eltern! Wohin mit der Sexualität? Wohin mit den ersten Erfahrungen?
Domian: Die ersten Erfahrungen, die wirklichen ersten Erfahrungen kamen sehr viel später.
von Sinnen: Die berühmten Flecken auf der Bettwäsche?
Domian: Die gab es nie. Ich ließ es erst gar nicht dazu kommen, daß Flecken entstehen konnten.
von Sinnen: Bist du aufgeklärt worden?
Domian: Das war zu Hause ein Tabuthema. Wie war das bei Euch?
von Sinnen: (lacht) Also mein Vater hat mir regelmäßig das Buch „Woher kommen die kleinen Buben und Mädchen" in die Hand gedrückt, und wir haben über Sexualität nicht gesprochen.

Domian: Ja, also genau wie bei mir. Ich habe meine Eltern bis heute nicht nackt gesehen.
von Sinnen: Ich auch nicht. Ich weiß nur, daß ich meiner Mutter den Rücken immer mal waschen sollte, in der Badewanne. Dann hat sie sich so richtig eng gemacht und die Brüste an die Knie gedrückt, daß ich auch ja nichts zu sehen bekomme.
Domian: Das wundert mich, weil ich deine Mutter als sehr freizügig in Erinnerung habe.
von Sinnen: Das war sie auch, nachdem ich mit ihr zusammen gewohnt habe und nachdem ich 18 war. Da hab' ich sie noch mal umerzogen, mit meinen Freundinnen zusammen. Aber als kleines Kind habe ich meine Mutter nicht nackt gesehen. Ich glaub, ich hab einmal meinen Vater im Flur nackt gesehen und war doch sehr überrascht über das doch sehr große Geschlechtsteil (lacht).
Domian: Nein, ich bin auf der Straße aufgeklärt worden. So richtig derb, wie man sich das vorstellt, in Jungencliquen, so daß ich relativ früh Bescheid wußte, was abgeht.
von Sinnen: Du sagst wie „Mann" es sich vorstellt. Wir Mädchen hatten keine derben Jungencliquen. Erzähl mal ein bißchen aus dem Nähkästchen. Ward Ihr in Pornokinos, Heftchen kaufen, Titten gucken?
Domian: Nein, nein. Es gab in Gummersbach, wie du weißt, keine Pornokinos. Es gab in der Zeit auch keine Heftchen zu kaufen, zumindest nicht für uns. Wir waren ja noch sehr jung. Unter zehn. Das höchste der Gefühle war eine aus dem Keller geraubte Quick oder Neue Revue. Und wenn man dort einmal nackte Brüste sah, so war das für uns phänomenal und wir hatten gleich alle einen stehen.
von Sinnen: Jetzt hattet ihr alle einen stehen, und was machen Jungs dann? Holen die sich dann selber vor den anderen einen runter?
Domian: Also, mir kann niemand erzählen, daß Kinder keine Sexualität haben. Neben den prägenden Erfahrungen, von denen ich gerade erzählt habe, der Enge zu Hause und in meinem Umfeld, ist eine ganz andere prägende Erfahrung die Sexualität. Ich hatte mit sechs Jahren meine ersten sexuellen Erlebnisse. Wir waren ein paar Jungs und haben uns über sexuelle Dinge unterhalten, und irgend jemand hat dann gesagt, daß man sich gegenseitig mal angucken sollte – nackt. Und aus diesem Angucken entwickelten sich dann auch irgendwelche diversen kleinen

Spielchen, was so sechsjährige Jungs machen können. Irgendwann wurde auch ein Mädchen hinzugezogen, und so ging das jahrein, jahraus, jahrein, jahraus, und wir haben uns alle selbst aufgeklärt.
von Sinnen: Wir sprechen aber nicht von einem Samenerguß mit sechs Jahren?
Domian: Nein, der kam erst mit 14.
von Sinnen: Ich glaub, das ist medizinisch nicht möglich, mit sechs Jahren.
Domian: Nein, das ist nicht möglich, aber es ist möglich, eine wunderbare Erektion zu bekommen. Und ich weiß noch heute, daß mich das sehr irritiert hat. Ich konnte mir nicht vorstellen, warum das kleine Ding so hart wurde, und vermutete da Knochen. Nur war mir wiederum nicht eingängig, wo die Knochen hinterher blieben, wenn es klein wurde. Ich weiß, daß die Erregungen oftmals so extrem waren und mehrere Stunden anhielten, daß ich richtige Schmerzen im Penis hatte.
von Sinnen: Und diese Gefühle, die du mit diesem erigierten, kleinen Pimmelchen hattest, waren die schöner als die Vorfreude auf Weihnachten?
Domian: (lacht) Nein, Weihnachten war wichtiger. Aber das ganze Leben damals, auch dieses triste Dasein in dieser widerlichen Volksschule, Hauptschule Steinberg in Gummersbach, wurde versüßt durch all diese sexuellen Spielereien. Wir waren so eine ganz kleine, eingeschworene Truppe, und wir haben alle dichtgehalten. Keiner hat irgendwas erzählt, und wir hatten immer regelmäßig unsere Treffen. Entweder in einer Bude im Wald, die wir uns gebaut hatten, oder in einer Scheune. Und es gab zusätzliche Highlights: Wir kauften uns, da waren wir schon ein bißchen älter, vielleicht acht, neun Jahre, Zigaretten, leichte Zigaretten. Und dazu eine Flasche Nußlikör.
von Sinnen: Mit acht und zehn schon?
Domian: Ja. Wir haben uns aber nie betrunken. Ab und zu ein Gläschen, dazu eine Zigarette, und dann haben wir Sex gemacht. Herrlich.
von Sinnen: Jetzt sagst du ja doch „Sex gemacht"!
Domian: Naja, was heißt „gemacht". Wir haben, ich kann's gar nicht definieren ... sexuelle Handlungen ...
von Sinnen: Geküßt? Mit Zunge zum Beispiel?
Domian: Nein, nein. So was nicht. „Rumgefummelt" ist, glaube

ich, das richtige Wort. Es gab noch keinen Orgasmus, es war aber hoch erregend.

von Sinnen: Mit den Jungs und dem Mädchen?

Domian: Ja, es war sehr erregend, als Siebenjähriger einer Siebenjährigen den Finger in die Scheide zu stecken. Fand ich grandios.

von Sinnen: Das finde ich heute noch grandios (lacht).

Domian: Ich hoffe nicht bei einer Siebenjährigen!

von Sinnen: Nein, nein. Es geht mir jetzt nur um das Prinzipielle. Um den Akt als solchen. Aber so früh! Ich bin doch ein bißchen überrascht. In dem Alter war ich wirklich noch im totalen Quark und hab' Cowboy und Indianer gespielt.

Domian: Schade, daß wir uns da noch nicht kennengelernt hatten.

von Sinnen: Na, wer weiß, wo das mit mir hingegangen wäre. Aber das fing bei mir erst so mit 11, 12, 13 an. Deshalb empfinde ich dich schon als Frühzünder.

Domian: Ja, aber ich glaube, daß Mädchen viel später, wie auch immer begründet, da drauf kommen. Das liegt vielleicht auch an diesem Jungenmilieu, das ist irgendwie schamloser und da redet man schnell drüber.

von Sinnen: Hattest du denn später noch mit denen Kontakt?

Domian: Anfangs, so bis Mitte 20, ja. Heute überhaupt nicht mehr. Ich weiß übrigens noch, daß wir uns jahrelang mit der Frage beschäftigt haben: „Was ist zwischen den Brüsten einer Frau? Eine Öffnung? Kann man da etwas reinstecken?" Man sieht ja nur die Ritze oben, und wir hatten immer gedacht, daß da noch eine Öffnung ist und man da auch noch irgendwas Sexuelles machen kann. Später erfuhren wir dann, daß da keine Öffnung ist. Brüste überhaupt fand ich sehr erregend, und ich habe es immer bedauert, daß unsere kleine Gespielin noch keine hatte.

von Sinnen: Also liegt vielleicht in diesen frühen, sehr positiven Spielereien mit Sexualität auch die Tatsache begründet, daß du heute noch Sex sehr bejubelst und jedes zweite Thema im Talkradio ein Sexthema ist. Du bist ein großer Freund von Sex und sexuellen Handlungen.

Domian: Ja, kann man so sagen, und diese ersten Kindheitserfahrungen, Jugenderfahrungen, waren durchaus gut. Wir wußten zwar, daß wir da etwas moralisch Verwerfliches taten, hatten aber einen Scheißdreck von einem schlechten Gewissen. Worüber ich sehr froh bin. Alles war in Gummersbach so kleinkariert. Aber wir hatten eine offene, geheime Welt.

Jürgen mit 14 Jahren.

von Sinnen: Wer hat dich denn entjungfert?
Domian: Es war eine Freundin, in die ich ein bißchen verliebt war, mit 16.
von Sinnen: Wie war denn dein erstes Mal?
Domian: Ganz O. K. Ich glaube das lag daran: Aufgrund der jahrelangen sexuellen Erfahrungen hatte ich überhaupt keine Hemmungen vor dem weibliche Körper. Es war nicht grandios, aber für mich war's schön. Für das Mädchen kann ich das nicht sagen.

Telefongespräch aus Eins Live DOMIAN:

0190

Domian: *Elfriede ist 77. Hallo Elfriede!*
Elfriede: Ja?
(Pause)
Domian: *Elfriede, hier ist Jürgen! Du bist jetzt dran!*
(Pause)
Domian: *Elfriede?!*
Elfriede: Ja?
Domian: *Warum hast du bei uns zum Thema „Zu alt für Sex?" angerufen?*
Elfriede: Domian?
Domian: *Ja?*
Elfriede: Ah! Da ist der Domian!
Domian: *Ja, ich bin's ... Du bist jetzt dran!*
Elfriede: (erleichtert) Ach so! Sex im Alter ... Das ist das gleiche wie in der Jugend. Da gibt es keine Unterschiede. In der Jugend war man aber flotter und schneller. Ich bin ja alleinstehend. Ich hab' ja nur Telefonsex.
Domian: *(erstaunt) Du hast Telefonsex? Wen rufst du an?*
Elfriede: Verschiedene Nummern.
Domian: *Also kommerzielle Sachen. Es ist kein Bekannter von dir?*
Elfriede: Nein! Das ist ein ganz großer Witz gewesen. Du wirst es nicht glauben! Ich bin alleine und durch einen Unfall behindert. Und da wollte ich die Telefonseelsorge anrufen.
Domian: *Die Telefonseelsorge?*
Elfriede: Ja! Und stell dir vor, ich habe mich vertan. Ich hatte plötzlich einen Telefonsexdienst am Telefon.
Domian: *(lacht aus vollem Herzen) Das ist ja wunderbar! Und dann? Erzähl mal!*
Elfriede: Ich hab' am Telefon geweint, und der junge Mann hat sich wohl gedacht: Was ist denn nun da los? Der war aber so anständig – das war ein junger Mann von 39 – und sagte: Jetzt legen sie mal auf und rufen eine andere Nummer an. Das hab ich dann auch gemacht, und er kam dann auch wieder ans Telefon. Er sagte mir, daß es sonst viel zu teuer gekommen wäre.

Domian: *Und dann hast du richtig Telefonsex mit ihm gemacht?*
Elfriede: Ja, nachdem ich mich ausgesprochen hatte, kamen wir auf das Thema. Und dann haben wir es gemacht.
Domian: *Rufst du ihn öfter an?*
Elfriede: Ja. Die Woche einmal.
Domian: *Die Woche einmal?*
Elfriede: Das ist teuer, Domian!
Domian: *Elfriede, erzähle mir doch mal, wie der das macht. Bringt der dich dann richtig in Fahrt?*
Elfriede: Ich kann dir doch hier nichts vorstöhnen.
Domian: *Nein, nein! Aber ich muß dich mal ganz indiskret fragen: Bringt der dich dann soweit, daß du einen Orgasmus am Telefon hast?*
Elfriede: Ja!
Domian: *Hast du dann noch irgendwelche Hilfsmittel bei dir?*
Elfriede: Nein! Ich onaniere nur.
Domian: *Mit der Hand oder hast du einen Massagestab?*
Elfriede: Nein, nur mit der Hand.
Domian: *Und wie lange dauert dann so ein Gespräch?*
Elfriede: Na, ungefähr eine Viertelstunde.
Domian: *Och, das geht aber schnell. Und er weiß schon richtig, wie er dich scharf machen kann?*
Elfriede: Ja, ja.
Domian: *(lacht) Ich finde es wunderbar, daß du das machst und daß du das so offen erzählst. Da würde sich manch einer in deinem Alter schämen.*
Elfriede: Weshalb soll man sich schämen? In den dreißiger Jahren war es viel schlimmer. Ich war Einzelkind. Da war es noch schlimmer. Man mußte sich immer verstecken. Mein Mann ist schon seit 20 Jahren tot, der war Frührentner. Vom Traktor überfahren.
Domian: *Auf jeden Fall ist es schön, daß du durch Zufall diese Telefonsexnummer entdeckt hast.*
Elfriede: Ja, ja.
Domian: *Ist es so, daß du dich richtig darauf freust, es einmal in der Woche zu machen?*
Elfriede: Ja, ja.
Domian: *Das ist also eine Bereicherung für dein Leben?*
Elfriede: Ja, und man spricht mit einem Menschen, der ganz auf mich eingeht. Das ist wunderschön.
Domian: *Elfriede, ich danke dir ganz herzlich für deinen Anruf*

und wünsche dir noch viel Spaß beim Telefonsex. Von Herzen alles Gute!
Elfriede: Tschüß Domian!

von Sinnen: Elfriede hat angerufen: Sex im Alter. Also erst einmal war es ja superköstlich, daß Sie die Telefonseelsorge mit einer Telefonsexagentur verwechselt hat. Aber ich habe prinzipiell den Eindruck, daß du dich immer unglaublich freust, wenn Menschen, die die 60 oder sogar 70 oder 80 überschritten haben, bei dir anrufen und Spaß am Sex haben. Du bejubelst sie und du lobst sie. Was macht dir so einen Spaß an der Vorstellung: Sex im Alter?
Domian: Das macht mir sehr viel Spaß, weil ich, wie wir alle, mit der verklemmten Vorstellung aufgewachsen bin, daß irgendwann die Sexualität verebbt. Ich habe früher nie etwas gehört von alten Leuten und Sexualität. Das war völlig tabu. Und wenn mir jetzt alte Menschen davon erzählen, find ich das klasse. A: weil sie so offen darüber erzählen. B: weil es so gut funktioniert. Und C freue ich mich dann auf das Alter. (lacht) Obwohl ich mich eigentlich nicht auf's Alter freue.
von Sinnen: Ja das geht mir ja ähnlich. Hast du denn so Visionen, wie dein Alter aussehen könnte?
Domian: Im Moment ist das noch alles O.K. Aber ich habe Angst vor dem Alter, weil ich Angst vor Krankheiten habe. Ich habe Angst, nicht mehr so fit zu sein, wie ich das heute bin. Und das Altern ist natürlich immer ein Schritt näher zum Tod. Und natürlich habe ich auch Angst davor, irgendwann nicht mehr attraktiv zu sein, irgendwann völlig verschrumpelt herumzulaufen. Mein 30. Geburtstag, mein 40. Geburtstag waren mir scheißegal. Aber die Vorstellung, irgendwann mal 70 zu sein, obwohl ich natürlich gern alt werden möchte, weil ich am Leben hänge, ist kein schöner Gedanke für mich. Ich würde sofort eine Pille einnehmen, die das Altern stoppt. Ich bin sicher, daß die Gentechnologie irgendwann soweit ist. Allerdings ist es auch eine Horrorvision, daß alle Menschen 200 bis 300 Jahre alt werden.
von Sinnen: Ich hab auch wahnsinnige Angst vorm Altwerden, aber vor Genmanipulation habe ich noch mehr Schiß.

Domian: Was macht denn deine Angst vor dem Älterwerden eigentlich aus?
von Sinnen: Nicht mehr mobil zu sein, keine Kraft mehr zu haben, einen Kasten Bier die Treppe hochtragen zu können. Gebrechlich zu sein, auf andere Menschen angewiesen zu sein, in irgendeinem Heim vor mich hin zu vegetieren.
Domian: Und das wäre keine Verlockung für dich, wenn du ein Medikament einnehmen könntest, das zumindest dein jetziges Alter quasi einfriert?
von Sinnen: Ich glaube, daß der Mensch sich da nicht einmischen sollte. Du warst über Elfriede begeistert, weil sie offen über Sex sprach und sich nicht schämte, so wie es andere in der Generation tun...
Domian: Ich kenne niemanden in meinem Bekanntenkreis, und schon gar nicht jemanden in ihrem Alter, der so offen über Sexualität spricht. Bis heute nicht. Das ist ein Tabuthema.
von Sinnen: Gibt es denn etwas, wofür du dich schämst? Dieses Buch heißt ja „Jenseits der Scham".
Domian: Ich schäme mich eigentlich nur – was heißt nur – für Unrecht, das ich anderen zugefügt habe. Ansonsten bin ich, glaube ich, recht schamlos oder sagen wir wenig verschämt.
von Sinnen: Damit kommen wir auch schon zu unserem schwulen Priester, der angerufen hat. Viele Showmaster wollten ja Priester werden, von der Lippe, Gottschalk. Wolltest du auch mal Priester werden?
Domian: Nein, eigentlich nicht. Obwohl ich damals, als ich auf dem Christentrip war, mal kurz darüber nachgedacht habe.
von Sinnen: Du bist ja evangelisch.
Domian: Ich war es. Würde ich noch mal Christ, dann ginge ich zu den Katholiken.
von Sinnen: Warum?
Domian: Weil's viel schöner ist. Es macht viel mehr Spaß. Das ist Show. Das ist das älteste Showbusineß der Welt. 2000 Jahre Weihrauch und Zeremonien und Rituale. Das ist toll. Das ist Entertainment. Die Protestanten sind in der Regel verklemmt. Und das schlimme ist, als Protestant muß man alles in sich hineinfressen. Man kriegt ja als Katholik die Absolution. Man kann beichten gehen – eine geniale Erfindung! Als Protestant sitz' ich da und habe ein schlechtes Gewissen. Wie gern wäre ich damals zur Beichte gegangen und hätte davor richtig die Sau rausgelassen

und danach gesagt bekommen: Bete 50 Rosenkränze, und et is jut.

von Sinnen: Du bist ja auch eine Art Beichtvater in deiner Sendung.

Domian: In gewisser Weise ja. Das bestätigen mir kurioserweise auch immer wieder die Kirchen. Am Anfang bin ich davon ausgegangen, daß von Seiten der katholischen Kirche sehr viel Kritik an meiner Sendung kommen wird. Das war aber überhaupt nicht der Fall. Die sagen einfach: Das ist die moderne Form der Beichte, was der da macht. Und wir können uns ein Stück davon abschneiden. Mir ist es natürlich angenehm, wenn ich in Frieden mit den beiden Kirchen leben kann.

von Sinnen: Was hältst du denn vom Zölibat?

Domian: Überhaupt nichts. Es ist Lug und Trug am eigenen Körper. Es ist Selbstvergewaltigung. Mir ist es bis heute ein Rätsel, wie diese Männer das aushalten. Es gibt sicher einige, deren Glauben so stark ist, daß das Sinnliche in irgendeiner Weise zur Seite gedrückt werden kann. Aber ich glaube, daß viele damit überhaupt nicht klarkommen und neurotisch werden. Oder sie haben ihre Haushälterinnen oder irgendwelche Jungs, mit denen dann etwas läuft, oder beides.

von Sinnen: Ja, Homosexualität kommt ja scheinbar doch eher häufig bei dem katholischen Priester an sich vor, was man so hört. Was hältst du denn von der Position der Kirche zum Thema Homosexualität?

Domian: Es ist ein Skandal, daß heutzutage immer noch von seiten des Vatikans Äußerungen gemacht werden, die die Homosexualität ablehnend kommentieren. Das ist menschenverachtend. Und es ist unglaublich, daß der Papst sich heute immer noch gegen Kondome ausspricht. Somit ist dieser Papst verantwortlich für 1000fachen Tod zum Beispiel in der Dritten Welt. Woher nimmt er bloß das Recht und die Unverfrorenheit, sich so zu äußern. Sagt Gott ihm das? Ich glaube, seine Selbstherrlichkeit sagt ihm das.

Telefongespräch aus Eins Live DOMIAN:

Schwuler Priester

Domian: *Hallo Werner, 38 Jahre.*
Werner: Ich bin schwuler katholischer Priester.
Domian: *Das klingt nach großen Problemen.*
Werner: Eigentlich hat es mir einen langen Teil meines Lebens keine Probleme bereitet. Ehe ich mich vor ein paar Jahren verliebt habe. Da habe ich mir selber eingestanden, daß ich schwul bin. Bis dahin habe ich das immer verdrängt.
Domian: *Hast du eine Gemeinde?*
Werner: Ja, und es wissen auch ein paar Leute in der Gemeinde. Leute, zu denen ich ein großes Vertrauen habe. Aber natürlich nicht alle.
Domian: *Wie hast du deine Liebe kennengelernt?*
Werner: Im Urlaub. Aber es war eigentlich nur eine Schwärmerei meinerseits, nicht von ihm. Aber damals habe ich mir dann das erste Mal gesagt: Junge, ich glaube, du bist dann doch schwul.
Domian: *Wie alt warst du da?*
Werner: Damals war ich 32.
Domian: *Auch eher schon ein fortgeschrittenes Alter. Wie hast du dich denn vorher sexuell eingestuft?*
Werner: Ich habe das eigentlich immer erfolgreich verdrängt. Auch in meiner theologischen Ausbildung bin ich mit Sexualität konfrontiert worden. Weil ich aber Priester werden wollte, habe ich das immer schön zur Seite gestellt.
Domian: *Du hattest all die Jahre nie ein sexuelles Erlebnis?*
Werner: Nein.
Domian: *Ich habe sehr selten die Gelegenheit, mit einem Priester über solche Themen zu reden. Hast du onaniert?*
Werner: Ja.
Domian: *Hat man da als Priester nicht auch ein schlechtes Gewissen, wenn man onaniert?*
Werner: Nein, das eigentlich nicht.
Domian: *Welche Phantasien hattest du denn beim Onanieren? Bezog sich das nur auf Männer oder auch auf Frauen?*
Werner: Gemischt eigentlich.

Domian: *Aber wenn man noch nie Erfahrungen gemacht hat, fehlen einem doch die Bilder. Was waren das für Phantasien?*
Werner: Es war eigentlich immer schon so, daß mich Menschen sexuell angezogen haben, die mir fremd waren, also keine Freunde. Ich habe das halt immer auf Bilder oder hier und da mal einen Pornofilm bezogen.
Domian: *Ach, Pornofilme hast du dir schon besorgt?*
Werner: Nein, ich bin ins Kino gegangen.
Domian: *Das ist aber auch ein ganz schöner Schritt, als Geistlicher in ein Pornokino zu gehen. Hast du denn nicht tierisch Angst gehabt, daß dich jemand erkennen könnte?*
Werner: Ich bin dafür jedesmal 250 Kilometer weggefahren.
Domian: *War das ein heterosexuelles Pornokino?*
Werner: Es gibt ja diese Kabinen, wo man auswählen kann. Wobei mir die heterosexuellen Filme nicht so gut gefielen. Man hört ja auch immer von der Ausbeutung der Frau in solchen Filmen. Und da bin ich halt durch die anderen 99 Programme gedüst.
Domian: *Und in dieser Zeit hast du die Thematik, ob du nun schwul bist oder nicht, verdrängt?*
Werner: Ja.
Domian: *Warst du nicht ständig in einer Identitätskrise? Du hast, was die Sexualmoral betrifft, als katholischer Priester natürlich ganz andere Dinge zu vertreten als ins Pornokino zu gehen.*
Werner: Ich habe im Laufe meiner Priesterjahre festgestellt, daß ich mich von einem stockkonservativen Mann hin zu einem sehr toleranten Mann entwickelt habe.
Domian: *Das heißt, du vertrittst nach außen hin nicht die teilweise sehr rigiden Vorstellungen der katholischen Kirche?*
Werner: Ich sage das von der Kanzel aus, was ich selbst vertreten kann. Ich behaupte, die Kirche sollte sich aus dem Thema Sexualität die nächsten Jahre erst mal heraushalten und sich auf Werte zurückziehen, wo sie auch wirklich was zu sagen hat und auch sagen kann.
Domian: *Mit 32 hast du dich also das erste Mal verliebt. Wie ging es dann in deiner homosexuellen Entwicklung weiter?*
Werner: Dann habe ich das einem befreundeten Priester erzählt. Ich war halt verliebt und hatte das Gefühl, daß ich es irgend jemandem erzählen mußte. Dann hat der mir eingestanden, daß er ähnlich fühlt. Wir haben uns dann erstaunt angeguckt und uns gefragt, warum wir nicht schon Jahre eher darüber sprechen

konnten. Meine Urlaubsliebe hatte sich für mich ja nicht erfüllt. Dann habe ich einfach weitergesucht. Wenn man seinen Horizont ein wenig öffnet, findet man auch Leute, die einem diesbezüglich weiterhelfen.
Domian: *Gibt es da wirklich Gruppen von anonymen, schwulen katholischen Geistlichen?*
Werner: Ja, es gibt schwule Priestergruppen.
Domian: *Das muß aber wohl alles streng geheim bleiben?*
Werner: (zögert) Ja, ich denke, daß wir uns natürlich um Anonymität bemühen. Aber es gibt auch in einer anderen Gruppe einen Priester, der sich sehr engagiert und der durchaus auch schon mit dem Bischof in Kontakt steht.
Domian: *Eine Seltenheit unter den Bischöfen.*
Werner: Sagen wir es mal so: Es ist nicht der Bischof von Fulda.
Domian: *(lacht) Das habe ich mir fast gedacht. Lebst du im Augenblick auch in einer Beziehung?*
Werner: Nein.
Domian: *Und du fährst immer noch 250 Kilometer, um Sex zu erleben, um Männer kennenzulernen?*
Werner: Nein, ich traue mich jetzt schon ein wenig mehr. Es ist ja auch so, daß die homosexuelle Szene einen schützt. Ich habe in einer schwulen Gruppe in einer Nachbarstadt sogar schon Leute aus meiner Gemeinde gesehen. Aber die halten dicht.
Domian: *Du riskierst, was deinen Job angeht, ja Kopf und Kragen.*
Werner: Ich denke, daß man mich nur rausschmeißen würde, wenn ich jemanden in mein Pfarrhaus holen würde und mit einem Mann leben würde. Oder wenn ich mit jemandem im Bett erwischt werden würde. Auf jeden Fall würde man mich nicht aufgrund meiner Homosexualität rausschmeißen.
Domian: *Also bist du einem eher toleranten Bischof zugeordnet.*
Werner: Ja.
Domian: *Hast du in der Kirche schon mal über Homosexualität gepredigt?*
Werner: Ja, ich nehme das Thema „Homosexualität" schon in den Mund. Nicht unbedingt im Sinne der Kirche.
Domian: *Ist das denn für dich nicht ein Spagat? Der Papst hat ja klare Aussagen zum Thema Schwulsein gemacht.*
Werner: (zögert) Also, ich sage immer, daß es auch eine Frage des Verhaltens der Gemeinde ist. Ich habe auf diese Predigten keine negativen Reaktionen bekommen. Das einzige Mal, wo Leute

aus einer höheren Etage sich beschwert haben, war eine Predigt, in der es um Scheidung ging.
Domian: *Ich glaube ja auch, daß inzwischen die Vielzahl der Gemeinden toleranter ist als der Papst. Was hast du für einen Eindruck? Wenn das in der Gemeinde so richtig bekannt werden würde, würden die Leute zu dir stehen?*
Werner: Kann ich ganz schwer einschätzen. In meiner schwulen Priestergruppe gibt es zwei, drei Leute, die auch einen Freund haben. Wo der Freund auch ins Pfarrhaus kommt, auch dort schläft. Und die Gemeinde weiß davon. Aber ich würde das Experiment heute nicht wagen wollen.
Domian: *Das bedeutet doch, daß deine Zukunft weiter von Heimlichkeiten geprägt sein wird.*
Werner: Das ist für mich halt die Frage. Ich habe vor kurzem mal mit einer Freundin darüber gesprochen, und ich habe gesagt, daß mein Tag ja sowieso so voll ist, daß ich gar keine Zeit für einen Freund hätte. Darauf sagte die Freundin, wenn du jemanden triffst, den du liebst, dann hast du auch die Zeit. Und dann wäre da ja auch die Frage, wenn ich jemanden finde, den ich liebe, ob man dann sagt: O. K., jetzt gebe ich den Beruf auf.
Domian: *Du könntest dir schon vorstellen, daß du deinen Beruf, der dir wahrscheinlich sehr am Herzen liegt, aufgibst?*
Werner: Ich weiß nicht ... (zögert) Ich bin da in mir auch ein wenig zwiegespalten.
Domian: *Das ist ja auch hypothetisch. Die Frage kommt ja auch erst auf dich zu, wenn die große Liebe da ist.*
Werner: Auf der anderen Seite frage ich mich, ob ich mich überhaupt bereit mache für eine große Liebe.
Domian: *Ich finde das sehr toll und interessant, daß du heute hier angerufen hast. Auch, weil sich bei mir immer wieder Leute melden, junge Christen, die ihr Schwulsein und ihren Glauben nicht miteinander vereinbaren können.*
Werner: Die Liebe zu einem Mann kann genauso rein sein wie die Liebe zu einer Frau.

von Sinnen: Das kann ich nur unterstreichen. Bist du eigentlich für die Homo-Ehe?
Domian: Ich würde es nicht machen, aber ich bin natürlich der Auffassung, daß all die, die Interesse daran haben, es dürfen sollen. Die Ehe als Institution ist für mich bürgerlicher Kack, den ich immer abgelehnt habe. Aber natürlich muß es eine rechtliche Gleichstellung für Homosexuelle geben. Und wenn Homosexuelle eine Ehe im klassischen Sinne schließen wollen, muß das möglich sein. Es muß sowohl vor dem Standesamt möglich sein als auch in der Kirche.
von Sinnen: Es geht in der Tat um Gleichberechtigung.
Domian: Es geht um Gleichberechtigung und um das Ende einer schlimmen Diskriminierung. Selbst in der CDU/CSU wird man das kapieren müssen.
von Sinnen: Wobei die sich jetzt gerade wieder empört haben, daß Schröder gesagt hat, er will sich für die Gleichstellung einsetzen. Das gibt es bei der CDU nicht.
Domian: Aber Schröder hat auch gesagt, daß homosexuelle Paare keine Kinder adoptieren dürfen, was ich überhaupt nicht akzeptieren kann.
von Sinnen: Das kann ich auch nicht nachvollziehen.
Domian: Wieviel Kinder gibt es alleine in Deutschland, die in Heimen nun wirklich kein gutes Leben haben? Und wieviel homosexuelle Paare wird es geben, die diesen Kindern den Himmel auf Erden bereiten würden, aber sie dürfen es nicht. Das ist eine absurde Situation, die hoffentlich sehr bald verändert wird.
von Sinnen: Ich kann es auch nur hoffen. Der Priester in dem Gespräch erzählte dir ja, daß er ins Pornokino fährt, 250 Kilometer entfernt. Warst du schon mal in einem Pornokino?
Domian: Ja natürlich!
von Sinnen: In einem schwulen oder in einem heterosexuellen Film?
Domian: Sowohl als auch.
von Sinnen: Und was war anmachender? Oder hat es überhaupt angemacht, vielleicht muß ich das eher fragen?
Domian: Ich finde Pornos antörnend, aber nicht Pornokinos. Es ist nicht gerade sehr angenehm, in einer Masse von wichsenden Männern zu sitzen. Aber das Ambiente in einem Pornokino ist schon sehr bizarr.
von Sinnen: Wie alt warst du, als du im Pornokino warst?

Domian: Das erste Mal so mit Ende 20. In Gummersbach gibt es ja keine Pornokinos (lacht).
von Sinnen: Das kann ich übrigens nicht glauben. Also, irgendwo da im Oberbergischen wird es ja wohl ein Pornokino geben!
Domian: Früher gab es keine.
von Sinnen: Kannst du denn die feministische Position nachvollziehen, daß Frauen gegen Pornographie und die pornographische Darstellung der Frauen in Pornofilmen sind?
Domian: Nein.
von Sinnen: Warum nicht?
Domian: Weil ich nicht glaube, daß ein Mensch zum Vergewaltiger wird, wenn er Pornos sieht, eher im Gegenteil. Die feministischen Damen haben wohl zu wenige Filme gesehen, um sich ein wirkliches Urteil bilden zu können. Oder sie sind neidisch, daß es nicht so viele Lesben-Pornos gibt. Auch das Argument mit dem „Lustobjekt Frau" kann ich überhaupt nicht nachvollziehen. Einmal sehe ich darin nichts Übles und zum anderen, was meinst du, wie oft der Mann in solchen Filmen das pure Lustobjekt der Frauen ist.
von Sinnen: Ich weiß nicht, wieviel Pornos sich die Damen angesehen haben, aber ich hab sicherlich in meinem Leben 20 heterosexuelle Pornos gesehen. Und da hab ich noch nicht einen gesehen, wo die Frauen gut bei weggekommen sind und den Männern gezeigt haben, wo's lang geht. Ich persönlich bin ganz anderer Meinung. Ich glaube, daß Pornographie in sehr vielen Männern das Bild pflanzt, daß Frauen verfügbar sind und auch verfügbar sein müssen. Und ich finde Pornographie sehr bedenklich.
Domian: Ich glaube das nicht, und das macht die Diskussion auch so schwierig, wenn man von anderen Voraussetzungen ausgeht.
von Sinnen: Glaubst du denn, daß Horrorfilme und brutale Actionfilme die Gewaltbereitschaft von Jugendlichen fördern?
Domian: Ich bin sicher. Ich bin ganz sicher, daß die Hemmschwellen, Gewalt auszuüben, durch den Konsum solcher Videos dramatisch sinken. Es sieht im Film alles so selbstverständlich und leicht aus: das Schlagen, Schießen, Töten – und schnell ist man verleitet, es auch zu tun.
von Sinnen: Genauso sicher bin ich bei Pornofilmen und daß bei Männern, die Pornofilme konsumieren, auch die Hemmschwellen weggehen und die Geilheit auf's Ficken gesteigert wird. Und

daß das Allmachtsgefühl gefüttert wird, daß die Frauen zu funktionieren haben.
Domian: Kann ich überhaupt nicht bestätigen. Gewaltvideos und Pornographie sind für mich zwei völlig verschiedene Dinge. Pornos animieren doch nicht zur Brutalität. Ich habe in meinem Leben so viele Pornos gesehen, mein Sexverhalten hat sich dadurch nicht mal um Nuancen verändert.
von Sinnen: Schön für dich. Kommen wir nun zu einem noch schöneren Thema: Anpupsen. Hast du ein entspanntes Verhältnis zu Deinen Fürzen?
Domian: Ja.
von Sinnen: Gut.
Domian: Aber ich würde es nie in Gegenwart von jemandem tun. Und ich würde es schon gar nicht in Gegenwart von jemandem tun, mit dem mich etwas Erotisches verbindet. Weil ich es eher abtörnend finde.
von Sinnen: Das heißt, wenn dir beim wilden Sex ein Pups entfleuchen würde, wäre das für dich eines der peinlichsten Dinge, die du dir vorstellen könntest?
Domian: Es wäre mir sehr unangenehm. Und wenn es umgekehrt so wäre, würde mich das auch ein bißchen zurückwerfen (lacht).
von Sinnen: (lacht) Auch in einer großen und langen Liebe, also in einem Leben, was man schon Jahre mit jemandem teilt?
Domian: Beim Sex allemal, auf jeden Fall.
von Sinnen: Das finde ich unglaublich verklemmt (lacht)!
Domian: (lacht) Pupst du beim Sex immer?
von Sinnen: Ich pupse natürlich nicht beim Sex, und es gehört sicherlich nicht zu unserem Vorspiel, aber wenn einer mal ein Pups entfährt, dann ist das etwas, worüber Frau fünf Minuten ablacht und dann geht's weiter.
Domian: Ja, so bist du.
von Sinnen: Du reagierst in dem Pupsgespräch ganz entrüstet. „Das stinkt doch!" sagst du.
Domian: Ja, es stinkt ja auch.
von Sinnen: Ja, ja, nun ja, gut, es gibt ja verschiedene Pupse, in der Tat, je nachdem, was man gegessen hat. Es gibt ja auch ganz leckere Pupse ... und es gibt so ganz schlimme Pupse ...
Domian: Leckere Pupse? Also ich weiß nicht ...
von Sinnen: ... die gar nicht weggehen, die minutenlang überm Bett schweben, aber da kann ich ja lüften.

Domian: Ich hab keine Probleme mit meinen Ausscheidungen. Aber wenn du meine Pups-Reserviertheit als verklemmt ansiehst, dann bin ich da verklemmt, ja.
von Sinnen: Gut, das ist doch schön. Das wird deine Hörer bestimmt freuen (lacht). Wie findest du denn Leute, die entspannt furzen, also jetzt nicht in einer erotischen Situation, sondern einer kommt rein: „'n Abend... pfrrrt."
Domian: Widerlich. Es geht mir nicht um das Geräusch, mir geht es um den Geruch. Und ich möchte einfach nicht mit den inneren Gerüchen eines anderen Menschen so nah konfrontiert werden. Ich finde es auch nicht toll, wenn mir jemand ins Gesicht rülpst. So viel Rücksichtnahme sollte einfach da sein.
von Sinnen: Wovor ekelst du dich denn noch? Du hattest ja neulich eine sehr schöne Sendung zum Thema: Extreme Angewohnheiten. Wo Menschen zum Beispiel sagten, sie würden Fußgeruch lieben.
Domian: Fußgeruch ist auch so eine Sache. Ich glaube, wenn ich mich in jemanden verlieben würde und bemerkte nach einer gewissen Zeit, daß diese Person Fußgeruch hat, selbst nach dem Duschen, ich glaube, es wäre ein Grund, wieder auf Distanz zu gehen. Sicherlich bin ich da auch verklemmt.
von Sinnen: Du würdest aber doch eventuell vorher versuchen, Maßnahmen zu organisieren, daß der Partner erst mal der Ursache auf die Schliche kommt. In der Regel ist ja ein Fußpilz das Übel.
Domian: Nicht immer. Es gibt einfach die Veranlagung zum heftigen Fußgeruch – das ist so eine Drüsengeschichte.
von Sinnen: Das kann es auch sein. Wie ist es denn beim Mundgeruch?
Domian: Mundgeruch ist auch ein schönes Thema. Ich bin neulich aus einem Taxi ausgestiegen, weil der Taxifahrer so stank. Ich hab gesagt: „Ich kann jetzt nicht weiter neben Ihnen sitzen und mit Ihnen fahren, Ihr Mundgeruch ist mir zu unangenehm."
von Sinnen: Wie hat er reagiert?
Domian: Er war völlig pikiert, hat gar nichts gesagt und hat mein Trinkgeld stumm abgelehnt. Dann bin ich ausgestiegen.
von Sinnen: Das ist vielleicht einer der Gründe, warum ich im Taxi immer hinten sitze. Aber im engeren Bekanntenkreis ist es ja wirklich ein Problem. Versuchst du da Kollegen, Freunde drauf anzusprechen?

Domian: Ja, das sage ich. Obwohl es mir auch schwerfällt. Früher habe ich mich nicht getraut. Mittlerweile, je näher ich jemanden kenne, desto eher kann ich es auch sagen. Wenn ich nur ein kollegiales Verhältnis mit jemandem habe, ist es schon ein bißchen schwieriger, aber guten Freunden kann ich es sagen. Und ich bitte auch inständig darum, daß gute Freunde mir das sagen, weil man es selbst manchmal gar nicht merkt.

Telefongespräch aus Eins Live DOMIAN:

Anpupsen

Katja: Mein Freund steht auf Anpupsen.
Domian: *(lacht) Ich habe, glaube ich, so beinahe alles schon gehört hier, denke ich immer, aber anpupsen ...*
Katja: Ja! Ich habe meinen Freund vor über einem Jahr kennengelernt. Ich habe dann mal aus Gag mehr oder weniger rumgepupst. Um ihn abzutörnen!
Domian: *Macht ja eigentlich auch nicht so an.*
Katja: Eigentlich! Auf jeden Fall habe ich dann so rumgepupst. Dann kam noch ein Feuerzeug dazu. Du kennst das ja bestimmt, wenn man ein Feuerzeug dranhält und so?
Domian: *Nein. Ich kenne das nicht. Was passiert denn, wenn man das Feuerzeug dranhält?*
Katja: Ja, dann kommt eine richtige Stichflamme!
Domian: *Nein! Ist das wahr?*
Katja: Ja, das ist wahr. Ich habe mir schon Unterhosen angebrannt und solche Scherze.
Domian: *Wußte ich echt nicht. Es ist wahrscheinlich auch nicht so empfehlenswert, das zu machen?*
Katja: Ach, das ist eigentlich ganz lustig.
Domian: *Also nicht, daß alle Leute, die jetzt die Sendung sehen und im Bett liegen und mal pupsen müssen, gleich ihr Feuerzeug dranhalten.*
Katja: Ich empfehle, wirklich dabei aufzupassen.

Domian: *Also wenn, dann in der Toilette, wo viel Wasser ist ... Aber erzähle mal weiter mit dem Freund.*
Katja: Ich wollte ihn also abtörnen, und auf einmal sagt er mir: „Hör mal, das finde ich total toll, daß ein Mädchen pupst! Und dann auch noch so ein Mädchen wie du!" Man redet ja auch weniger darüber.
Domian: *Ja, das ist ein Tabu.*
Katja: Komischerweise. Über Sex wird ja auch immer gesprochen. Aber nicht über das Pupsen.
Domian: *Wir brechen jetzt das Tabu!*
Katja: Gott sei Dank!
Domian: *Zurück zum Freund.*
Katja: Ja also, wenn ich ihn anpupse ... und er mag es besonders heftig! Da gibt's übrigens auch Unterschiede. Einmal die saftigen und dann gibt's noch die trockenen. Und er mag mehr die saftigen. Wenn ich ihm meinen Popo vors Gesicht halte ... das törnt ihn sexuell an.
Domian: *(ein wenig entrüstet) Also ein Schwein, dein Freund!*
Katja: Weiß ich nicht.
Domian: *Mich würde das vollkommen abtörnen! Und man kann ja auch nicht immer pupsen.*
Katja: Doch!
Domian: *Wie bitte?!*
Katja: Ich glaube, das ist schon fast krankhaft bei mir. Wenn ich abends von der Arbeit komme ... Den ganzen Tag über staue ich an und abends, du glaubst es gar nicht, was da los ist. Da geht die Post ab! Aber wirklich!
Domian: *Macht es dir denn auch richtig Spaß?*
Katja: Was heißt „Spaß"? Mich interessiert halt nur, ob unter deinen Zuschauern vielleicht einige sind, die ähnliche Neigungen haben.
Domian: *Du kannst also ganz gut damit leben?*
Katja: Ich lache mich mehr oder weniger kaputt darüber.
Domian: *Und dir gefällt es auch, wenn dein Freund dadurch angetörnt wird?*
Katja: Ja.
Domian: *Darf er dich denn auch anpupsen?*
Katja: (entrüstet) Nein, das nicht! Es hört sich vielleicht komisch an, aber einige Pupse synchronisiere ich sogar.
Domian: *Wie bitte?!*

Katja: Wie soll ich das erklären? Wenn man einen abläßt, machen die ja manchmal so Geräusche. „Miau" oder so ganz gequält. Und ich kann das halt akustisch genau wiedergeben. Dann finde ich es lustig! Wenn er einen fahren läßt und ich die nachsynchronisiere.
Domian: *Aber für dich hat es keine sexuelle Komponente?*
Katja: Nein.
Domian: *Du findest es eigentlich ekelig.*
Katja: Och, nein ...
Domian: *(energisch) Aber es stinkt doch!*
Katja: Er mag es besonders, wenn es total riecht. Und das finde ich halt so süß an meinem Freund. Er sagt: „Hör mal Katja, ich finde das toll! Das ist dein individueller Geruch."
Domian: *Animiert er dich denn zu besonderen Nahrungsmitteln, die du zu dir nehmen sollst?*
Katja: Bohnensuppe! Er sagt dann immer: „Katja, das ist dein Geruch. Der gehört zu dir."
Domian: *Also, du mußt jetzt immer Bohnensuppe essen?*
Katja: Na ja, nicht immer. Er mag zum Beispiel auch, wenn ich in frisch gewaschene Bettwäsche pupse. Dann kommt er so richtig angemuckelt und sagt: „Ah, was riechst du wieder muckelig!" Und dann kuschelt er sich so richtig an meinen Popo.
Domian: *Für deinen Freund ist es also so ein Teil des sexuellen Vorspiels?*
Katja: Kommt drauf an, wie ich ihn anpupse. Erregt fühlt er sich, wenn ich ihm meinen Popo direkt vors Gesicht halte.
Domian: *Katja, ich glaube fast – ich weiß es zwar nicht, aber ich glaube –, daß du damit in der Welt nicht alleine stehst.*
Katja: Das wäre schön.

von Sinnen: Wie viele Leute sind im Team bei dir?
Domian: Also, zur Sendung gehören drei Leute am Telefon, die die Vorgespräche führen. Ein Psychologe oder eine Psychologin, dann mein Redakteur und jemand, der in der Regie sitzt, und ein Techniker. Mehr sind es nicht.
von Sinnen: Und wie viele Leute sitzen zusammen, um sich die Themen auszudenken?

Domian: Das machen wir in der Redaktion. Mein Redakteur, der Wolfram Zbikowski, ein paar Mitarbeiter und ich. Das letzte Wort hat dann unser Chef, der Gerald Baars. Der uns übrigens immer wunderbar den Rücken freihält und außerordentlich kooperativ ist. Man braucht einen mutigen und engagierten Chef für so eine gewagte und ungewöhnliche Sendung. Dank an Baars und Dank an unseren Intendanten, Fritz Pleitgen.
von Sinnen: Ja, wie kommt ihr denn auf die Themen? Nach welchen Kriterien werden die ausgesucht?
Domian: Hauptkriterium ist immer, daß wir uns vorstellen, zu den Themen müssen Geschichten zu erzählen sein. Wir haben ja ganz selten oder kaum Themen, wo es um reine Meinungsäußerung geht. Mir ist immer lieb, wenn Leute erlebtes Leben beschreiben können. Umberto Eco hat mal gesagt: „Unser Gehirn ist konzipiert für Geschichten." Danach richten wir uns.
von Sinnen: Wieso kommen eigentlich prozentual so viele Sexthemen vor?
Domian: Diese Frage kann ich nicht beantworten. Man wirft mir manchmal vor, die Sendung sei zu sexlastig. Wir geben aber gar nicht viele Sexthemen vor. Das Angebot kommt einfach von den Leuten. Das ist nun mal ein großes Thema bei den Menschen.
von Sinnen: Wie viele Hörer/Zuschauer hat die Sendung im Durchschnitt?
Domian: Im Fernsehen sind es über 100 000 bundesweit, im Radio kann man das nicht genau ermitteln. Insgesamt sind allnächtlich wohl 200 000 Leute dabei.
von Sinnen: Habt Ihr denn auch so etwas wie Quotendruck, und welche Themen bringen die besten Einschaltquoten?
Domian: Wir haben relativ viel Freiheit, da die Sendung tief in der Nacht läuft. Ich bin noch nie von der Direktion angesprochen worden, wenn wir mal bei Sendungen keine guten Quoten hatten. Das ist sehr angenehm, das heißt wir können uns auch erlauben, uns mit Themen zu beschäftigen, die nicht reißerisch sind. Das ist eine ganz billige Sendung, eine „Tief-in-der-Nacht-Sendung". Insofern ist es den Hierarchen egal, wenn die eine oder andere Nacht nicht die Topquote bringt.
von Sinnen: Hast du denn ein Gespür, was Quoten bringt?
Domian: Also, man kann zum Beispiel nicht sagen, daß die Sexthemen die Zieher sind. Das habe ich früher immer gedacht, ist aber nicht so.

von Sinnen: Ist bei mir übrigens auch so, bei Sexthemen schalte ich oft weg, weil mich das nicht mehr so interessiert.
Domian: Vor einigen Jahren war es noch sensationell, wenn jemand drüber sprach, aber im Moment hörst du es ja an jeder Ecke. Die erfolgreichsten Sendungen sind eigentlich immer die, in denen sehr authentische Schicksale erzählt werden.
von Sinnen: Wie bereitest du dich auf eine Sendung mit einem bestimmten Thema vor?
Domian: Es gibt Themen, auf die man sich überhaupt nicht vorbereiten kann. Zum Beispiel „Fremdgehen", „Rache" oder „Eifersucht". Es gibt aber Themen wie zum Beispiel „Sekten" oder „Impotenz", da muß ich richtig recherchieren. Da laß' ich mir Sachen aus unserem Archiv kommen und informiere mich. Das ist manchmal sehr viel Arbeit und beansprucht eine Menge Zeit. Generell gehört zu meiner Vorbereitungsarbeit sehr viel Zeitungslektüre. Es kommen zwar nicht viele politische Themen nachts zur Sprache, dennoch muß ich informiert sein. Und da ich mit vielen bunten Themen aus dem gesamten Gesellschaftsleben konfrontiert werde, lese ich kreuz und quer. Von BRAVO über BUNTE bis FAZ, TAZ und DIE WOCHE.
von Sinnen: Sind dir denn die Themenabende lieber als die offenen Sendungen?
Domian: Kann ich nicht sagen. Wir hatten extrem spannende Themen-Nächte und eher langweilige offene Sendungen – und umgekehrt. Das hängt ja von so vielen Zufällen ab. Es gibt – die Telekom hat es neulich ermittelt – im Durchschnitt 20 000 Anrufversuche pro Nacht. Und davon kommen dann circa zehn auf Sendung.
von Sinnen: Wie sind die Mitarbeiter gebrieft, die die ersten Anrufer annehmen?
Domian: Die Kollegen am Telefon haben im Prinzip die gleichen Kriterien im Kopf wie wir bei der Themenauswahl, das heißt es muß jemand eine Geschichte zu erzählen haben, es muß jemand ein Anliegen haben. Er oder sie sollte auch stabil genug sein für die Sendung. Wenn jemand mit 50 Schlaftabletten im Bauch anruft und will auf Sendung, machen wir das natürlich nicht. Das ist unverantwortlich. Dann wird der Anrufer direkt zum Psychologen weiterverbunden und der leitet Hilfsmaßnahmen ein. Und ein weiteres Kriterium ist natürlich, die Labertaschen rauszuhalten und möglichst die Schwindler.

von Sinnen: Bist du sauer bei gefakten Anrufen, wenn du merkst, da will dich einer hochnehmen?
Domian: Ja, ich bin sauer, wenn es um ernste Themen geht. Mir ist es egal, wenn es was zu lachen gibt. Aber wenn auf Kosten von zum Beispiel Aids-Kranken gefakt wird, bin ich sehr böse.
von Sinnen: Wenn zum Beispiel superinteressante Leute anrufen, die an dem Abend nicht mehr drankommen, werden die dann am nächsten Tag zurückgerufen?
Domian: Ja, das kommt sogar oft vor.
von Sinnen: Woher nimmst du das Selbstbewußtsein, mit den Menschen so zu reden, wie du es tust, und diese Ratschläge und diese Position so einzunehmen, wie du es tust?
Domian: Woher ich das Selbstbewußtsein nehme, weiß ich nicht. Ich bemühe mich, in dieser Sendung ein ganz normaler Gesprächspartner zu sein, so wie im Privatleben auch. So, als würde ich mich mit Freunden oder Bekannten über das eine oder andere unterhalten. Und ich beziehe Stellung. Mir sind die Menschen am liebsten, die nicht für alles einen toleranten Spruch haben, sondern die Stellung beziehen. Ich versuche so zu sein, wie ich bin. Warum ich so bin, wie ich bin, kann ich nicht beantworten.
von Sinnen: Glaubst du, du hast eine gute Menschenkenntnis? Ich bin manchmal überrascht von deiner Intuition und auch von deiner Weisheit.
Domian: Das kann ich nicht beurteilen. Es hat auch etwas mit dem Alter zu tun. Ich glaube nicht, daß ich eine solche Sendung vor 20 Jahren hätte moderieren können.
von Sinnen: „Talk-Radio" hat ja eine lange Tradition in Amerika, länger als hier in Deutschland. Hast du dich, bevor du dieses Sendeformat übernommen hast, mit den Shows in Amerika und in anderen Ländern befaßt?
Domian: Überhaupt nicht. Ich bin beim WDR allmählich in dieses Format hineingewachsen. Ich kenne die amerikanischen Talk-Radios, habe sie aber nie zum Vorbild genommen. Sie würden in Deutschland gar nicht funktionieren. Wir haben, worüber ich froh bin, eine andere Mentalität.
von Sinnen: Hast du für dich Regeln, nach denen du vorgehst?
Domian: Die einzige Regel, die ich im Kopf habe lautet: Es sollten keine wesentlichen Fragen offen bleiben.
von Sinnen: Weißt du, wofür ich dich bewundern muß? Für deine Konzentrationsfähigkeit. Eine Stunde lang so geballt so vielen

Menschen und so vielen Situationen und so vielen Dialekten zuhören zu können. Ich merke das ja ganz oft in anderen Fernsehsendungen, die kaspern sich an ihren Kärtchen ab und manchmal merkt man richtig, wenn Sabine Christiansen mit ihren Gedanken beim Einkauf von morgen ist. Man sieht ihnen an, die sind jetzt gar nicht mehr im Gespräch drin. Du bist immer hoch konzentriert.
Domian: Weißt du, wie schwierig das war am Anfang? Ich bin auch jemand gewesen, der immer mit Unterlagen gearbeitet hat, mit Kärtchen oder mit Manuskript. Und die ersten Wochen, als ich da saß, quasi nackt vor dieser Kamera, die immer nur auf mich gerichtet ist, war mir das sehr unangenehm. Und ich habe es als ausgesprochen schwierig empfunden, eben eine Stunde absolut konzentriert zu sein. Auch heute, je nach Tagesform, ist es nicht immer leicht. Es hat aber viel mit Training zu tun. Ich darf keine Sekunde mit den Gedanken woanders sein. Erstens merken das dann Tausende, und zweitens ist es dem Anrufer gegenüber unhöflich und unfair.
von Sinnen: Ist deshalb auch die Pause nach einer halben Stunde so wichtig?
Domian: Ja. Es ist zwar nur eine Minute. Aber es ist angenehm, sich einen Moment mal einfach nur gedanklich fallen zu lassen.
von Sinnen: Jetzt noch einmal für die Fans: Die Musik für die Sendung ist eigens dafür komponiert worden. Gibt es die inzwischen auf CD?
Domian: Die gibt es auf einer Eins-Live-CD, aber nicht als eigenständige Nummer zu kaufen.
von Sinnen: Bist du vor der Sendung nervös, hast du Lampenfieber?
Domian: Lampenfieber habe ich keines, aber ich bin in einer – wie ich finde – gesunden Anspannung um drei, vier Minuten vor eins.
von Sinnen: Wieso kommt die Sendung nicht früher, das wollen ja alle?
Domian: Ich hätte das auch sehr gerne. Aber es geht nicht. Man müßte das gesamte Abendprogramm im WDR-Fernsehen umbauen, und dafür ist die Sendung zu unwichtig.
von Sinnen: Jürgen, erzähl uns von der berühmten grünen Wasserflasche, die uns seit Anfang der Sendung begleitet. Ich glaube zu wissen, daß du auch gewisse Rituale mit dieser Wasserflasche verbindest. Vielleicht sogar abergläubische Rituale.

Domian: Nein, nichts Abergläubisches. Aber Rituale sind etwas sehr Wichtiges. Sowohl im Leben als auch in Sendungen. Und da diese Sendung so minimalistisch ist, fallen natürlich solche kleinen Dinge wie eine Flasche besonders auf. Das habe ich mir früher als Radiomoderator angewöhnt. Eine Flasche Wasser war immer im Studio dabei. Und als wir dann ins Fernsehen gingen, habe ich mir überlegt: Konzipierst du dich jetzt fernsehgerecht mit einer schicken Kaffeetasse oder irgend so etwas? Kam dann aber zu dem Schluß zu sagen, nein, du machst das jetzt genauso, wie du das immer gemacht hast. So ist das entstanden. Und seitdem habe ich immer diese grüne Wasserflasche, in der nur Kölner Leitungswasser ist, und ich fülle sie immer jeden Tag nach.
von Sinnen: Aber sie bleibt im Sender, du nimmst Sie nicht mit nach Hause?
Domian: Sie bleibt in meinem Schrank im WDR.
von Sinnen: Jetzt hast du uns natürlich neugierig auf deine Rituale des Alltags gemacht. Gibt es im Alltag Rituale, auf die du nicht verzichten kannst?
Domian: Ja, ich glaube, die hat fast jeder Mensch, daß er zum Beispiel Aufstehrituale hat. Wenn ich aufstehe, ist meine erste Aktion: Ich koche mir einen superstarken Kaffee, trinke Kaffee, esse ein Müsli. Das ist jeden Tag immer dasselbe. Und lese dabei die erste Tageszeitung. Das ist ein ganz festes Ritual, wobei ich überhaupt nicht gestört werden möchte.
von Sinnen: Wo hast du die erste Tageszeitung her?
Domian: Die kaufe ich mir nachts, wenn ich von meiner Sendung komme.
von Sinnen: Wie lange brauchst du morgens im Bad?
Domian: Ach, 20 Minuten vielleicht.
von Sinnen: Ich finde, du hast besonders schöne Zähne. Pflegst du deine Zähne mit einem bestimmten ...
Domian: Sehr, das ist zum Beispiel auch ein Ritual. Ich putze mir, wenn es irgendwie geht, immer nach jedem Essen die Zähne, und ich putze sie mir nicht nur, sondern ich nehme erst ein kleines Bürstchen und bürste die Zwischenräume durch und nehme Zahnseide. Und dann werden sie geputzt.
von Sinnen: Wie kommt es, daß du so durchtrainiert aussiehst?
Domian: Weil ich trainiere.
von Sinnen: Was machst du?

Domian: Ich war lange in einem Fitneß-Studio, und jetzt habe ich im Keller ein paar Geräte, die ich regelmäßig nutze.
von Sinnen: Jeden Tag?
Domian: Jeden zweiten Tag, und ich habe immer so ein kleines Programm, das ich zu Hause mache. Mit Hanteln, mit Liegestützen und so etwas.
von Sinnen: Wie viele Liegestützen schaffst du hintereinander?
Domian: Ich mache in der Regel zweimal 25 nach dem Frühstück. Es geht mir einfach darum, eine gewisse Kondition zu behalten.
von Sinnen: Hast du eine Waage?
Domian: Nein.
von Sinnen: Jetzt zu deiner berühmten Kappe, die ja nun auch die Nation gespalten hat. Diese räudige Fidel-Castro-Kappe...
Domian: Bist du wohl still!
von Sinnen: ... und wo ich jetzt erfahren habe, daß du die sogar hast klöppeln lassen. Ich dachte, die hätte man dir aus irgendeinem alten Secondhand-Laden nachgeworfen.
Domian: Nein, die erste Kappe war eine Levis-Kappe. Die habe ich wirklich entdeckt in irgendeinem Shop, und die gefiel mir so gut, weil der Schirm relativ schmal war. Wenn ich Kappen trage mit langem Schirm, sehe ich ziemlich blöd aus.
von Sinnen: Aber du glaubst, daß das mit dem kurzen Schirm gut aussieht?
Domian: Ja, finde ich.
von Sinnen: Nun hast du ja mal eine Zeitlang die Kappe auch zusammen mit dem Mikrophon aufgehabt. Das machst du jetzt aber nicht mehr.
Domian: Nein, ich habe eine Freundin in Köln, die sehr dick ist und sehr laut (lacht), die hat das Tragen der Kappe während der Sendung immer und immer wieder kritisiert...
von Sinnen: Ich fühle mich sehr geehrt. Nun direkt zu deinen Haaren. Da gibt es ja auch die...
Domian: Nein, ich muß die Geschichte mit der Mütze weiter erzählen. Naja, jetzt hatte ich diese Kappe richtig liebgewonnen, aber nach einer gewissen Zeit war sie verspeckt. Und dreckig. Und man kann sie auch nicht wieder und wieder waschen. Und es gibt diese Kappe mit diesem Schnittmuster nicht mehr. Ich bin überall rumgelaufen und habe sogar an Levis geschrieben, ohne Erfolg. Dann bin ich zu einem sehr renommierten Hutmacher in

Köln gegangen, der unter anderem auch schon Karl Lagerfeld bedient hat. Dieser Hutmacher fand das ausgesprochen interessant, sich mit so etwas zu beschäftigen. Und ich habe mir für teures Geld eine Kappe schneidern lassen nach dem Muster der Originalkappe.
von Sinnen: Und wieso in diesem Kack-Khaki-Army-Grün?
Domian: Weil mir diese Farbe recht gut gefällt, und ich glaube, auch recht gut steht. Du glaubst das ja nicht.
von Sinnen: Stimmt! Nun zu deinen Haaren. Da diskutiert die Nation ja „länger", „kürzer", „Schläfen färben, ja, nein, grau". Du hast dieses kleine Rasierapparätchen und machst es selber. Seit wie vielen Jahren warst du schon nicht mehr beim Friseur?
Domian: Ungefähr sechs Jahre. Weil es irgendwann absurd war, wegen dieser Unfrisur zum Friseur zu gehen und da 60 Mark hinzulegen. Das mache ich alleine.
von Sinnen: Du hast erzählt, morgens ißt du ein Müsli...

1987, so sah Jürgen aus, bevor er Rasierapparätchen und Kappe entdeckte.

Domian: Ja, immer. Also morgens ist für mich eigentlich nachmittags.
von Sinnen: Ja, nachmittags. Gibt es vor der Sendung noch ein Essen bei dir?
Domian: Ich esse ein kleines Abendbrot. Ich kann nicht so richtig dick essen, bevor ich arbeite. Das wirst du wahrscheinlich als Künstlerin verstehen. Ich esse manchmal noch ein Bütterchen, wenn ich nach Hause komme nachts.
von Sinnen: Gab es da nicht dieses Ritual mit den zwei Bananen vor der Sendung?
Domian: Ja! Die beiden Bananen vor der Sendung gibt es auch noch.
von Sinnen: Zwei Bananen vor der Sendung. Und wann gibt es dann endlich mal etwas Warmes, Fleisch, Kartoffeln und Gemüse?
Domian: Naja, am Abend, das ist meistens schon etwas Warmes. Aber eben nicht so üppig, wie es am Wochenende ist.
von Sinnen: Gibt es denn irgendwie so ein Beiwerk mit Vitaminpillen oder so, weil es hört sich ja alles nicht so richtig gesund an?
Domian: Vielleicht nicht für dich. Aber das Müsli schmeckt schon schrecklich gesund. Außerdem esse ich auch viel Obst.
von Sinnen: Nun sehen wir alle seit einiger Zeit an deinem Mittelfinger der rechten Hand einen dicken, silbernen Ring. Ist es ein Verlobungsring?
Domian: Nein! Der Ring ist ein Jahr alt. Ich habe mir überlegt, daß ich gerne einen sehr schönen Ring tragen würde. Und dieser Ring ist ein Produkt meiner eigenen Phantasie und der Phantasie eines Juweliers. Ich habe ihn mir selbst geschenkt. Ich nehme ihn mal ab. Auf der Innenseite steht ein Spruch.
von Sinnen: Oh, er ist sehr schwer! Die Interviewerin hat ihn in der Hand, er ist sehr schwer. Ah, der berühmte Spruch aus dem „Club der toten Dichter": Carpe Diem – genieße den Tag.
Domian: Nutze den Tag. Pflückt Rosen, solange sie blühen. Es klingt abgedroschen, aber es ist so wahr. Und auf der anderen Seite ist mein Name eingraviert, da steht „Domian 1997". Und dieser Ring ist...
von Sinnen: Das ist wieder nur eine Ausgeburt deiner unerträglichen Eitelkeit! Oder wieso muß da auch Domian draufstehen?
Domian: Ich kenn' eine Frau, die trägt ständig Overalls, und auf jedem steht ihr Name: Hella von Sinnen (beide lachen).

von Sinnen: Ja, warum nennst du dich Domian?
Domian: Weil ich den Vornamen nicht gerne mag. Aber es gibt viele Freunde, die sagen Jürgen zu mir, und das ist auch in Ordnung. Es gibt aber auch ein paar, die sagen Domian zu mir.
von Sinnen: Hast du nicht noch einen zweiten Vornamen mitbekommen?
Domian: Nein, leider nicht.
von Sinnen: Ich weiß, daß Walter Bockmayer jede Nacht die Sendung anschaut, nur um zu sehen, was du anhast und danach hört er dich im Radio weiter.
Domian: Das hat er mir mal erzählt.
von Sinnen: Ich glaube, das ist für die Fans doch bestimmt nicht uninteressant, weil es ja sonst nicht so viel zu sehen gibt, sondern eher zu hören: Was hat der Jürgen an und warum hat er das an und natürlich, wie sieht sein Kleiderschrank aus? Wie viele Klamotten hast du?
Domian: Ich stehe abends wirklich manchmal lange vor meinem Kleiderschrank und denke, was ziehst du jetzt wieder an? Und da ich kein Kleidergeld bekomme vom WDR und auch nicht gesponsert werde, muß ich mir meinen Kram schon selbst kaufen und bin auf die Kompositionen angewiesen, die mir da so einfallen. Manchmal dauert es lange, und ich bin da auch ein bißchen überempfindlich. Es gibt Kleidung, ich weiß nicht, ob du das kennst, wenn ich die anhabe, bin ich nicht gut.
von Sinnen: Kenne ich sehr gut.
Domian: Dann fühle ich mich so unwohl, daß ich einfach verkrampft bin. Es gibt Kleidungsstücke, die ich so gerne mag, da bin ich gleich gut drauf.
von Sinnen: Wie ist dein Verhältnis zu Deinen Fans?
Domian: Sehr gut. Ich freue mich, daß es sie gibt. Ich bin nur kein Freund von übertriebenem Personenkult. Aber bei mir hält sich das ja in Grenzen. Obwohl es einen Domian-Fanclub gibt mit über 200 Mitgliedern. Es ehrt mich, daß die Leute sich so engagieren.
von Sinnen: Bekommst du viel Post?
Domian: Ja, sehr viel.
von Sinnen: Kannst du das sagen, sind das 20 Briefe am Tag oder 50 Briefe in der Woche?
Domian: 50 bis 80 in der Woche – ungefähr.
von Sinnen: Das ist viel. Bekommst du auch Drohbriefe?

Domian: Ich bekomme beschimpfende Briefe. Sagen wir es so. Sehr obszöne Dinge, manchmal auch Faxe, aber das schmeißen wir weg.
von Sinnen: Wie entspannst du nach der Sendung?
Domian: Ich trinke ein Glas Wein, lese und gucke Fernsehen.
von Sinnen: Ja, ich kann mir natürlich vorstellen, daß du Probleme mit dem Schlafen hast, wenn der Biorhythmus so durcheinandergebracht wird.
Domian: Das ist ein ganz großes Problem, und deshalb macht mir diese Sendezeit auch so zu schaffen. Ich würde die Sendung so gerne abends um elf machen, maximal um zwölf. Ich kann nicht richtig einschlafen, ich kann nicht durchschlafen, jeder Tag ist mit der Frage behaftet, wie wirst du schlafen und wie fit bist du dann. Meistens funktioniert das nur mit Hilfsmitteln, entweder mit Baldrian oder mit Melatonin, das ist ein Zauberpulver, ein relativ natürliches Medikament, was das Einschlafen erleichtern soll und den Schlaf auch vertieft.
von Sinnen: Hast du denn mit Depressionen zu tun wegen des Schlafrhythmus?
Domian: Nein. Ich bin nur schlecht gelaunt, wenn ich nicht gut geschlafen habe. Weil ich nicht konzentriert bin. Ich kann nicht lesen und bin einfach nicht so bei der Sache. Das macht mir manchmal auch Schwierigkeiten, wenn ich sehr gerädert bin und dann nachts in den Sender gehe und eine Stunde voll präsent sein muß, obwohl ich innerlich völlig müde bin und verknautscht. Das ist manchmal sehr schwierig.
von Sinnen: Guckst du dir deine Sendungen noch mal an?
Domian: In der Regel nicht. Nur wenn ich nach einer Sendung ein schlechtes Gefühl habe. Oder auch mal zur Selbstkontrolle. Es schleifen sich manchmal unschöne Dinge ein, daß man zum Beispiel zu oft an der Kamera vorbeiguckt, nach unten oder zur Seite schaut. Die Leute wollen direkt angesehen werden.
von Sinnen: In den drei Jahren bei über 7000 Interviews, was sind die bewegendsten Begegnungen?
Domian: Die Begegnung mit Hubert, der mich vom Sterbebett aus angerufen hat, aus Einsamkeit. Oder ich denke an die Frau, die von der Entführung und Ermordung ihrer kleinen Tochter erzählte. Oder an die blinde Tanja, die als Austauschschülerin in den USA von einem Mann beinahe zu Tode gefoltert worden wäre.

von Sinnen: Du gibst ja oft konkrete Ratschläge. Wenn ich zu Hause die Sendung sehe oder auch höre, denke ich, daß du mit deinen Ratschlägen auch Schicksal spielst, dich in das Leben der Menschen 'rein begibst. Macht dir das Probleme?
Domian: Ja, das ist eine hohe Verantwortung. Man hat als Mensch im Fernsehen einen anderen Status, als wenn man an der Theke mit jemandem zusammensitzt. Insofern ist es für mich jedesmal ein Seiltanz, in die Sendung zu gehen, richtig zu reagieren. Und mir ist durchaus bewußt, wieviel Gewicht nur ein Satz haben kann. Daher rufe ich den einen oder anderen manchmal privat noch mal an, um etwas klarzustellen oder zu korrigieren.
von Sinnen: Bekommst du denn öfters Rückmeldungen von Pfarrern oder Ärzten oder Psychologen oder Polizisten, die dich vielleicht auch einmal loben, die sagen „Herr Domian, da haben Sie ja exzellent reagiert!", oder „So steht es bei uns auch im Lehrbuch."?
Domian: Das kommt vor und ist ein schönes Erfolgserlebnis. Polizisten haben sich noch nicht gemeldet, aber Psychologen und Geistliche.
von Sinnen: Bist du durch den Fernsehboom und die Tatsache, daß du jetzt etabliert bist und einen Fanclub mit 200 Mitgliedern hast, mißtrauischer geworden gegenüber Bekanntschaften?
Domian: Ja, ich frage mich bei neuen Bekanntschaften viel eingehender als früher, was will diese Person eigentlich von mir. Wäre sie auch so nett zu mir, wenn ich am Fließband oder in einem Büro arbeiten würde?
von Sinnen: Was sind denn die schönen Seiten des Ruhms?
Domian: Das ist der Erfolg, so viel positives Feedback zu bekommen. Das schmeichelt schon. Und es gibt Alltagssituationen, da ist es recht praktisch und nützlich.

Telefongespräch aus Eins Live DOMIAN:

Hooligan

Domian: Hallo Antonio, 19 Jahre alt.
Antonio: Mein Thema ist Fußball-Hooligan.
Domian: Bist du einer?
Antonio: Ja, richtig.
Domian: Du Sau!
(Antonio lacht verlegen)
Domian: Erzähle mal ein bißchen.
Antonio: Ich prügele mich für die Kölner Streetfighter Colones.
Domian: Du prügelst dich für die? Warum?
Antonio: Es ist der Adrenalin-Kick.
Domian: Warst du schon mal schwer verletzt?
Antonio: Ja, mehrmals.
Domian: Wie denn?
Antonio: Nasenbeinbrüche. Ich hab' jetzt eine Narbe im Gesicht. Ich habe bei dem Spiel – ich bin Spanier und Real-Madrid-Fan – Real Madrid gegen Juventus Turin in Amsterdam eine Flasche ins Gesicht gekriegt. Die kam von einem eigenen Fan und sollte eigentlich einen Juventus-Fan treffen. Ich habe halt Glassplitter ins Gesicht bekommen und bin genäht worden. Ansonsten habe ich mir noch die Hand gebrochen, das Bein…
Domian: Das Bein auch gebrochen?
Antonio: Ja, ich bin während einer Prügelei mal mit dem Bein im Zaun hängengeblieben. Beim Herausziehen ist es dann passiert.
Domian: Wie oft warst du deswegen schon im Krankenhaus?
Antonio: Ach, das kann ich schon gar nicht mehr zählen.
Domian: Wenn du dann im Krankenhaus liegst und Schmerzen hast, was denkst du dann?
Antonio: Es ist einfach nur geil! Ich kann es gar nicht beschreiben.
Domian: Geil? Mir ging gerade durch den Kopf, daß wir alle das mit bezahlen müssen, damit du Depp wieder auf die Beine kommst, um dann wieder solche Sachen zu machen.
Antonio: Na ja…
Domian: Antonio, du wirkst ja eigentlich ganz nett. Jetzt erkläre

uns doch mal, was in deinem Hirn abgeht, daß du dich auf so einem Niveau bewegst? Das ist doch super-arm!
Antonio: Jein. Meine Mutter sagt auch, daß mich das zu einem asozialen Menschen macht.
Domian: *Du bist ein richtiger Klasse-Asi! Wie er im Buche steht.*
Antonio: Ich weiß nicht, ich kann es nicht erklären. Ich komme ins Stadion, höre die Masse und bin voller Haß gegenüber dem anderen Verein. Es kotzt mich an, die zu hören.
Domian: *Nun hast du ja schon einiges abbekommen, und ich gehe mal davon aus, daß du auch schon den einen oder anderen krankenhausreif geschlagen hast.*
Antonio: Ja.
Domian: *Es könnte ja auch mal so ausgehen, daß du einen erschlägst, tötest.*
Antonio: (überlegt) Ja.
Domian: *Und dann?*
Antonio: Ich bin auch schon angezeigt worden. Weißt du, in dem Moment merkst du das nicht. Du bist so in diesem Rausch.
Domian: *Antonio, das ist doch genau mein Argument. Du spielst ständig mit der Gefahr, mit dem Risiko, daß du einen Menschen umbringst.*
Antonio: Ja. Ich war übrigens auch bei der WM in Lens, wo dieser Polizist Daniel Nivel zusammengeschlagen wurde. Da hat man ja den Hooligan aus Gelsenkirchen festgenommen. Ich wäre so gerne an seiner Stelle gewesen. Ich finde richtig, daß dieser Polizist zusammengeschlagen wurde. Was stellt er sich auch dazwischen?
Domian: *(erbost) Also Antonio, jetzt ist aber Finito hier! Ich unterhalte mich wirklich gerne mit dir über das, was du da anstellst. Aber jetzt setzt bei mir alles aus! Dieser Mann ist für sein Leben gezeichnet. Da gibt es keine Diskussion drüber, ob gut oder schlecht. Das ist eine unendliche Sauerei und hat unser Land, den Ruf der Deutschen im Ausland sehr beschädigt.*
Antonio: Das ist richtig...
Domian: *Und da kommst du mir jetzt hier nicht an und sagst, daß du das gut gefunden hast. Wenn du das noch mal sagst, schmeiße ich dich sofort aus der Sendung.*
Antonio: Dann sage ich gar nichts mehr dazu.
Domian: *Du hast am Anfang den Eindruck vermittelt, daß man mit dir reden kann.*

Antonio: Kann man ja auch …
Domian: *Aber Junge, wie kannst du dann so etwas sagen? Du kannst doch ein Menschenleben nicht so geringschätzen! Der Mann hat Familie und Kinder.*
Antonio: Was hat er denn gemacht? Warum hat der versucht, eine Hooligan-Gruppe auseinanderzubringen? Man kann es nicht!
Domian: *Antonio, es gibt dafür überhaupt keine Entschuldigung und Erklärung. Wer ist dir der liebste Mensch auf der Welt?*
Antonio: Meine Mutter.
Domian: *Jetzt stelle dir mal vor, deine Mutter würde von solchen Hirnis, wie du es bist, umgebracht oder schwer verletzt. Was dann?*
Antonio: Ich weiß es nicht.
Domian: *Ja, aber nur so kannst du dir begreiflich machen, was du in anderen Familien anrichten könntest, welches Leid du auslöst.*
(Pause)
Antonio: Ich weiß nicht.
Domian: *Es geht ja auch um dein Leben. Wenn du in deinem Haß und Wahn jemanden umbringst, wanderst du vielleicht lebenslänglich ins Kittchen. Ist das eine tolle Zukunft?*
Antonio: Wenn du jetzt mit mir redest, verstehe ich es auch. Kein Problem. Dann frage ich mich auch, was ich da eigentlich immer mache. Aber sobald du in die Kurve kommst, vergißt du alles! Ich rauche nicht, ich trinke nicht. Deswegen kann ich mir auch nicht vorstellen, wie eine Droge ist. Aber die Wirkung muß genauso sein. Ich sitze da und zittere. Ich muß dann einfach jemandem eine auf die Schnauze hauen.
Domian: *Wenn du doch diese Gefahr siehst, warum kannst du dir nicht einfach den Vorsatz fassen und sagen: Ich gehe da einfach nicht mehr hin?*
Antonio: Ich habe es auf den Wunsch meiner Mutter mal versucht. Meine Eltern hätten mich deswegen beinahe mal aus dem Haus geschmissen. Die Polizei stand schon öfters bei uns vor der Tür. Meine Mutter war da mit den Nerven am Ende, und da hab ich dann mal eine Pause eingelegt. Das ging zwei, drei Monate gut. Dann haben die Chefs von den Streetfighters angerufen und gefragt: „Hey, was ist los? Hast du nicht mal wieder Lust?"
Domian: *Du willst doch ein ganzer Kerl sein?*
Antonio: Ja, richtig.
Domian: *Und du willst auch ein mutiger Typ sein?*

Antonio: Nicht unbedingt. Das hat mit Mut nichts zu tun.
Domian: *Aber vom Selbstverständnis her bist du lieber ein mutiger Mann als ein Waschlappen.*
Antonio: Das geht wahrscheinlich jedem so.
Domian: *Na klar. Ein mutiger Typ kann „Nein" sagen, wenn er von seinen Chefs angerufen wird. Ein Waschlappen läßt sich darauf ein. Du sagst, deine Mutter ist dir der liebste Mensch auf der Welt. Hast du mal darüber nachgedacht, was du deiner Mutter antun würdest, wenn du wegen Totschlages in den Knast kommen würdest?*
Antonio: (ganz leise) Nein.
Domian: *Was die Frau dann leiden würde! Du würdest dein Leben und das Leben deiner Mutter zerstören. Ich ahne ja schon, was die Frau jedesmal leiden muß, wenn du auf der Rolle bist. Die hat die ganze Scheiße ja schon ein paar mal mitgemacht.*
(Langes Schweigen)
Antonio: Ich kann ...
Domian: *Du bist 19 Jahre alt. Du hast doch was im Kopf! Außerdem kann man doch mit dir reden. Dann tritt dir doch einfach mal in den Arsch und denke an deine Mutter und auch an dein eigenes Leben.*
Antonio: Es geht nicht ...
Domian: *(sauer) Erzähle mir doch nichts!*
Antonio: Ich habe schon mal versucht, mir ganz normale Karten zu besorgen, damit ich in eine andere Kurve komme.
Domian: *Gehe da überhaupt nicht mehr hin!*
Antonio: Das geht nicht. Ich bin Fußball-Fan und süchtig danach.
Domian: *Dann hole dir neutrale Karten und gehe mit normalen Leuten dahin.*
Antonio: Domian, du kannst dir nicht vorstellen, wie das ist, wenn alle „Wolfsburg! Wolfsburg!" schreien. Ich bin Kölner! Du gehst daran zugrunde.
Domian: *Antonio, wenn du so drauf bist, dann ist die Eigentherapie der erste Schritt. Meide das Stadion! So schwer das auch ist. Natürlich hält man das aus! Es gibt Leute, die hängen in einer viel schlimmeren Sucht. Da wirst du es doch wohl aushalten, nicht ins Fußballstadion zu gehen. Bist du noch Schüler?*
Antonio: Nein, ich mache eine Lehre als Kfz-Mechaniker.
Domian: *Was ist dein Wunsch? Möchtest du Familie haben?*
Antonio: Ja.

Domian: Möchtest du Kinder haben?
Antonio: Ja.
(Pause)
Domian: Kannst du dir unter Umständen alles abschminken. *Das muβt du dir wirklich so krass vor Augen führen. Hast du schon mal eine Freundin gehabt?*
Antonio: Ja, die habe ich auch jetzt noch.
Domian: *Was sagt die denn dazu?*
Antonio: Die ist auch absolut dagegen.
Domian: *Wenn du es für dich nicht hinbekommst, dann mache es für deine Mutter und deine Freundin.*
Antonio: Ich habe es ja schon probiert...
Domian: *Dann probiere es nochmal! Es gibt da wirklich keine Entschuldigung. Wir haben auch, glaube ich, alle Argumente ausgetauscht. Ich habe dir ganz klar meine Meinung gesagt. Denke mal darüber nach.*
Antonio: O. K.

von Sinnen: Der behauptet auch noch, daß er Fußballfan ist. Darüber kann ich ja wirklich nur lachen, weil, wenn man dem Fußball mit einer Sache schaden kann, dann ist es mit diesen Gewaltüberschreitungen. Und da waren wir erst mal so ein bißchen irritiert, daß du ihn nicht aus der Sendung geworfen hast, als er sagte, daß er den französischen Polizisten am liebsten selbst zusammengeschlagen hätte.
Domian: Also meine Grundeinstellung zur Sendung ist, daß ich eigentlich mit jedem über alles rede, solange man reden kann. Und ich hatte schon relativ am Anfang den Eindruck, daß man mit ihm reden konnte. Und das erwies sich auch als zutreffend. Der war nicht völlig zu. Ich glaube, die Frage mit der Mutter hat gut gesessen, da hat er zum ersten Mal nachgedacht. Aber ich war schon sehr zornig erregt. Hat man sicher auch gemerkt.
von Sinnen: Warst du schon mal im Fußballstadion?
Domian: Nein, noch nie.
von Sinnen: Interessierst du dich auch nicht für Fußball?
Domian: Das geht mir am Arsch vorbei.
von Sinnen: Hattest du Akne in der Pubertät?

Domian: Ganze schlimme!
von Sinnen: NEIN!
Domian: Ganz schlimme, weißt du das nicht mehr?
von Sinnen: Es sind ja gar keine Narben zurückgeblieben. Oder hast du dich inzwischen einer Schönheitsoperation unterzogen? Ich erinnere mich nicht mehr richtig an ein pickeliges Gesicht.
Domian: Ich habe unglaublich darunter gelitten. Ich hatte so schlimme Akne im Gesicht, daß ich manch eine Verabredung, auch noch als wir uns kannten, wieder abgesagt habe, weil ich wieder so einen Eiterbolzen bekommen hatte.
von Sinnen: Doch jetzt wo du das sagst... Du hattest doch immer so viele Salben und Schäumchen im Bad stehen. Und immer wenn wieder einer neu erblühte, warst du wütend und zornig.
Domian: Ja, das ist schlimm in der Pubertät, wenn man das hat. Man will ja noch mehr gefallen als sonst im Leben. Das hat mir sehr zu schaffen gemacht. Ich habe alles ausprobiert, von Vitamin-A-Säure bis hin zur UV-Bestrahlungstherapie und weiß der Teufel was noch alles. Aber vergebens. Ich hab's einfach aushalten müssen.
von Sinnen: Also, ich hatte zum Glück keine schlimme Akne. Nagt das denn sehr am Selbstbewußtsein?
Domian: Sehr! Du kommst dir einfach vor wie ausgekotzt.
von Sinnen: Aber jeder zweite Junge hat doch Akne.
Domian: Das tröstet den Betroffenen wenig.
von Sinnen: Ich hab dich ja kennengelernt, als du auf das Gymnasium Grotenbach gekommen bist. Du warst 18 Jahre alt. Etwas spät fürs Gymnasium. Was hast du vorher gemacht?
Domian: Ich war 9 Jahre auf einer ganz normalen Volksschule, und danach bin ich zwei Jahre auf eine Handelsschule gegangen. Dadurch bin ich auch immer ein bißchen älter gewesen als all die anderen und hatte formal meine mittlere Reife. Danach gings auf eine Fachoberschule für Wirtschaft. Und das sah so aus, daß man zwei Tage in der Woche, mittwochs und samstags, Schule hatte und die restlichen Tage arbeitete ich in einem Büro. Das hab ich ein Jahr gemacht und fand es so schrecklich, und mir war klar, daß ich nicht Wirtschaftswissenschaften studieren wollte und auch nicht in irgendeiner Weise in einem kaufmännischen Beruf arbeiten wollte. Und dann passierte etwas, worauf ich stolz bin, weil alle Welt mir abgeraten hat, das in Angriff zu nehmen. Ich hatte zwar formal die Berechtigung, auf ein Gymnasium zu ge-

hen, war aber in Physik, Chemie, Biologie und in Englisch fast ohne Vorbildung. Auf dem Gummersbacher Arbeitsamt äußerte ich dann den Wunsch, aufs Gymnasium zu wechseln. Dieser eingefahrene Beamte schlug die Hände über dem Kopf zusammen und riet mir vehement ab. Was mich, Gott sei Dank, nur wenig beeindruckt hat. Ich bin zum Gymnasium Grotenbach gegangen und habe um einen Termin bei Direktor Horst Kienbaum gebeten. Und diesem Mann verdanke ich ganz viel. Er ist jetzt leider tot, und ich habe es ihm nie sagen können. Ich werde es nicht vergessen, ich saß in seinem Büro und er meinte, so einen Fall hätte er noch nie gehabt, er würde das Experiment aber mit mir wagen. „Sie werden ungeheuer viel lernen müssen, sie werden kaum Freizeit haben, aber sie sollen die Chance bekommen. Wir versuchen das mal, sie in die Elf zu nehmen." Das waren seine Worte

Der lernende Jürgen, 1975.

damals. Ich war überglücklich, daß jemand mir diesen Weg öffnete. Und dann habe ich gelernt wie ein Bescheuerter.
von Sinnen: Und immer noch an dem kleinen Sekretär in der Küche zu Hause?
Domian: Ja, und da begann ja auch die Zeit unserer Freundschaft. Übrigens noch mal zur Rolle meiner Eltern: Sie haben mir nie

einen Stein in den Weg gelegt, sie haben nie gesagt, nun ist gut, jetzt hast du ein Jahr verschwendet oder nun geh arbeiten, wir brauchen das Geld. Das rechne ich ihnen sehr hoch an. Ich habe ja auf Kosten meiner Eltern gelebt, obwohl ich gejobbt habe nebenher. Sie haben immer gesagt: „Mach, wenn du das meinst, wir können das nicht beurteilen." Das fand ich klasse. Ja, dann war ich auf dem Gymnasium und habe wirklich ganz, ganz viel gelernt.

von Sinnen: Was hat sich nach dem Wechsel aufs Gymnasium für dich am entscheidensten geändert?
Domian: Mein ganzes Leben hat sich radikal geändert. Das war für mich die schönste Zeit meiner Jugend. Das war wirklich wie so ein Schlüpfen aus einem Ei. Als hätten sich alle Himmel über mir aufgerissen. Ich bin zum ersten Mal mit Kunst und Literatur konfrontiert worden.
von Sinnen: Ich glaub', dein erstes Buch war Hesse: „Der Steppenwolf".
Domian: Ja. Ich habe es verschlungen. Es war mein erstes Buch. Ich war 18 Jahre alt. Ich habe vorher nie gelesen. Zu Hause stand bei uns die Bibel, und in die guckt man ab und zu rein, aber mehr auch nicht. Ich war nicht damit vertraut zu lesen. Und ich weiß auch noch, als ich zum ersten Mal mit klassischer Musik konfrontiert wurde. Meine erste Klassikschallplatte, die ich mir gekauft habe, war Tschaikowsky, Klavierkonzert Nummer 1.
von Sinnen: Das haben wir gemeinsam oft gehört an Winterabenden.
Domian: Ja, genau. Und ich war unglaublich beeindruckt, daß es so etwas gibt. Ich wußte davon nichts.
von Sinnen: Ich war übrigens auch sehr beeindruckt.
Domian: Und ich mag es heute immer noch.
von Sinnen: Ich auch. Ich liebe es. Wenn ich es höre, bin ich aufgewühlt in einem Maße, wie es keine andere Musik schafft.
Domian: Ja, und dann habe ich angefangen, alles zu verschlingen. Ich habe gelesen wie ein Wahnsinniger. Ich hatte meine Hesse-Phase, meine Max-Frisch-Phase, meine Kafka-Phase und so weiter.
von Sinnen: Welche Fächer fielen dir denn am leichtesten?
Domian: Deutsch, Gesellschaftswissenschaften und Geschichte.
von Sinnen: Und die naturwissenschaftlichen Fächer, wie Chemie, Physik, Mathe ...

Domian: Mathe hab ich auch gerne gemacht, mit den anderen hatte ich Schwierigkeiten.
von Sinnen: Hattest du damals Angst vor Prüfungen, vor Arbeiten?
Domian: Nicht so sehr, weil ich wußte, was ich kann und was ich gelernt hatte.
von Sinnen: Hast du bei dir abschreiben lassen?
Domian: Ja, ich glaube schon. Ich habe aber selbst nicht abgeschrieben, das ging mir gegen die Ehre. Apropos Ehre: Ein Jahr, nachdem ich auf dem Gummersbacher Gymnasium war, passierte etwas Spektakuläres. Und du, Hella, hast ja auch dazu beigetragen, als Wahlkampfhelferin. Ich wurde zum Schülersprecher gewählt. Was für ein Triumph. Früher hatten die Gymnasiasten in unserer Nachbarschaft mich als Volksschüler nicht mal gegrüßt. Und plötzlich war ich der erste von ihnen.
von Sinnen: Du hast eine beispiellose Kariere da gemacht. Also das hat natürlich dann auch Herrn Kienbaum, dem du ja noch sehr dankbar im nachhinein bist, sehr beeindruckt. Ich glaube, es war auch ein persönlicher Erfolg für ihn.
Domian: Diese Zeit war insofern auch noch so wichtig für mich, als ich zum ersten Mal mit Menschen konfrontiert wurde, die mich richtig interessierten. Unsere Freundschaft zum Beispiel. Ich hatte sonst immer mit Leuten zu tun, auf den anderen Schulen, die mir egal waren. Ich hatte vorher nie enge Freundschaften. Mit einer Ausnahme: meine Cousine Helga.
von Sinnen: Du hattest ja früher so einen Haß auf die Lehrer. Hast du auf dem Gymnasium Lehrer kennengelernt, die dich beeindruckt haben?
Domian: Wunderbare Lehrer! Ich erinnere mich an eine Englischlehrerin, Frau Brosche, erinnerst du dich an die? Die hatte von mir gehört und hat mir angeboten, weil sie wußte, daß ich aus einem armen Haushalt kam, umsonst Nachhilfeunterricht in Englisch zu geben.
von Sinnen: Hast du es angenommen?
Domian: Ja, klar!
von Sinnen: Toll. Ich erinnere mich nicht an sie.
Domian: Die kam circa ein Jahr zweimal in der Woche zu uns nach Hause, und wir haben Englisch gelernt. Und sie wollte kein Geld dafür haben. Meine Mutter hat immer Kuchen gebacken oder irgendwelche Sachen gemacht. Fand ich ganz toll. Es gibt

viele Lehrer, die ich in sehr guter Erinnerung habe. Für die alle war das auch irgendwie ein Experiment mit mir.
von Sinnen: Gab es denn auch Arschloch-Lehrer für dich?
Domian: Auf dem Gymnasium nicht.
von Sinnen: Hattest du damals Angst zu versagen?
Domian: Ja, natürlich! Wenn ich das nicht geschafft hätte, wäre für mich eine Welt zusammengebrochen.
von Sinnen: Haben dich deine Eltern mit Mißtrauen beobachtet?
Domian: Nein, überhaupt nicht.
von Sinnen: Oder mit Lampenfieber oder mit Angst?
Domian: Ja, schon eher, aber sie waren dann doch sehr stolz auf mich.
von Sinnen: Wie ehrgeizig bist du eigentlich?
Domian: Sehr ehrgeizig! Schon als kleines Kind wollte ich aus meinem Milieu heraus. Es gibt da eine kleine Anekdote: Ich ging mit meinen Eltern und Verwandten, da war ich noch nicht in der Schule, durch Gummersbach spazieren. Es gibt in Gummersbach einen sehr großen Stahlkonzern, Steinmüller heißt der, und diese Firma Steinmüller hat ein großes Hochhaus, was für die Zeit etwas Besonderes war, und ich soll gesagt haben, während ich mit dem Finger nach oben zeigte: „Da werde ich mal Chef!" (beide lachen)
von Sinnen: Früh übt sich, wer mal Schülersprecher werden will.
Domian: Ich kann mich nicht mehr richtig erinnern, wann wir beide aufeinander aufmerksam geworden sind. Erinnerst du dich?
von Sinnen: Ich erinnere mich nicht genau. Ich hätte jetzt gefragt, ob es nicht in der Spielschar war, also über diese Theaterspielerei. Oder haben wir uns im CVJM (Christlicher Verein junger Menschen kennengelernt?
Domian: Ich glaube beim Theaterspielen in der Schule. Hast du eine Erinnerung, wie dir damals dieser Jürgen Domian anfänglich erschien?
von Sinnen: Du bist mir direkt aufgefallen! Jeder Mensch hat ja eine Aura, eine Ausstrahlung. Du hast ein sehr markantes Gesicht, ein sehr markantes Profil, du warst groß – ein attraktiver Junge! Du hattest ein offenes Lachen, schöne Zähne, du warst eben sehr ehrgeizig, sehr dominant in deiner ganzen Art, du hast mich angezogen. Ich glaube ja sowieso, daß sich Lichtgestalten anziehen (beide lachen). Ich kann mich jetzt aber nicht an irgendeine Initialsituation erinnern.

Domian: Ich habe auch einige Male drüber nachgedacht und kann es nicht mehr richtig rekonstruieren. Es war ja schon sehr ungewöhnlich. Wir waren so gegensätzlich: Du warst eine alteingesessene Gymnasiastin, damals auch schon relativ schräg drauf, und ich war eher konservativ. Und dann kam es doch zu so einer großen Nähe zwischen uns. Es wurde eine für mich sehr, sehr wichtige Freundschaft. Nämlich auch insofern, daß ich zum ersten Mal einen Menschen kennenlernte, der Lust am Unkonventionellen hatte, so richtig Spaß am Undogmatischen. Ich weiß noch, daß es damals immer ganz abgefahren war, wenn du zwei verschiedene Socken anhattest.
von Sinnen: War das schon damals? Ich dachte, ich hätte das in Köln angefangen.
Domian: Nein, ich weiß noch, daß du einmal bei uns zu Hause warst und meine Mutter sehr den Kopf geschüttelt hat, weil du zwei verschiedene Socken anhattest.
von Sinnen: Es ist oft die Erinnerung anderer. Ich empfand mich gar nicht als so besonders unkonventionell.
Domian: Wir waren halt eine Clique von Verrückten. Für mich damals war es zum ersten Mal die Berührung mit dem Theater durch dich und die anderen in der Spielschar. Ich habe eine Weile mit dem Gedanken gespielt, eventuell dort etwas zu machen.

Jürgen und Hella auf Klassenfahrt in Rom, 1976.

Hella und Jürgen, Abifeier 1977.
„Deine erste Kappe trieb mir damals schon die Tränen in die Augen!" (Kommentar von Sinnen)

Habe aber relativ schnell erkannt, daß ich kein Talent zum Schauspieler besitze. Es gab die Überlegung, vielleicht als Dramaturg beim Theater zu arbeiten.
von Sinnen: Was hast du damals eigentlich werden wollen? Wir haben ja zusammen Theater gespielt und waren süchtig auf alle Tourneetheater, die bei uns in der Aula vorbei kamen. Haben der legendären Elisabeth Flickenschildt aufgelauert.
Domian: Ich hatte wirklich kein Talent für die Schauspielerei. Ich weiß noch, daß du mir einmal eine Rolle versucht hast beizubringen. Ich sollte einen Verlobten spielen und ich hab's nicht gekonnt. Ich weiß, daß wir im Foyer unserer Aula hin und her gingen und du immer wieder versucht hast, es mir zu zeigen – ich konnte es einfach nicht. Das mit der Schauspielerei war insofern ein Wunschtraum von mir, weil man in diesem Medium natürlich wunderbar all das kompensieren kann, was man an Komplexen mit sich herumträgt. Es gibt dann nichts Tolleres, als von sehr vielen Menschen beklatscht zu werden, geliebt zu werden. Das ist zwar keine Liebe, aber man bildet sich das ein.
von Sinnen: Der Applaus, den du als Schulsprecher bekommen

hast, war der für dich wichtiger als ein Szenenapplaus im Theater?
Domian: Das war mir nicht so klar. Die Schülersprecher-Geschichte war die andere Schiene. Ich hatte damals drei große berufliche Wunschvorstellungen. Ich wollte entweder was Künstlerisches machen, Politiker oder Arzt werden. Übrigens würde ich heute, wenn ich nochmal studieren könnte, jetzt im hohen Alter, so wie Marianne Koch, Medizin wählen.
von Sinnen: Ist das wirklich so, oder ist das so ein verquaster Wunsch, ein „Gott in Weiß" zu sein?
Domian: Nein, nein. Es ist ein konkretes Interesse an der Chirurgie. Ich glaube, wenn ich Arzt würde, dann Chirurg. Ich finde es beeindruckend, mit welcher Präzision da gearbeitet wird, und man sieht direkt ein Resultat. Entweder es funktioniert, oder es funktioniert nicht.
von Sinnen: Das liegt an deinem Skorpion-Aszendenten. Hast du jemals einen Intelligenztest gemacht?
Domian: Nee, noch nie.
von Sinnen: Ich weiß nicht, ob man Intelligenz überhaupt messen kann, aber glaubst du, du bist ein intelligenter Mensch?
Domian: Das weiß ich nicht, das müssen andere beurteilen. Ich weiß nicht, was Intelligenz ist. Ist Intelligenz, ganz schnell super komplizierte Mathematikaufgaben zu lösen, oder ist Intelligenz vielleicht auch, mit Menschen emotional in einer bestimmten Weise umgehen zu können?
von Sinnen: Ich empfinde dich als sehr intelligenten Menschen, wenn du sagst, andere sollen das beurteilen. Und du beeindruckst mich immer wieder, auch in deiner Sendung, mit einem sehr breit gefächerten Wissen über die unterschiedlichsten Dinge.
Domian: Ich lese sehr viel. In meinem Job muß man das.
von Sinnen: Kommst du denn auch noch zu Büchern, oder sind das mehr Illustrierte und Tageszeitungen?
Domian: Das mit den Büchern ist während der Arbeitszeit zwar immer ein Problem, aber ich zwinge mich dazu. Wenn man nur Zeitungen liest, verflacht man geistig. Ich will nicht immer nur über Ereignisse informiert werden. Ich lese gerade von Stéphane Courtois „Das Schwarzbuch des Kommunismus". Das sind vertiefende Informationen, die man durch alltägliche Lektüre gar nicht bekommt.

von Sinnen: Das würde ich in meinem Leben nicht lesen wollen! Was lese ich denn gerade ...

Domian: Du liest, hast du mir erzählt, was ich auch ausgesprochen interessant finde, „Der geschenkte Gaul" von Hilde Knef. Ein großartiges Buch, von einer großartigen Frau. Die übrigens meines Erachtens auch eine großartige Schriftstellerin ist.

von Sinnen: Das stimmt, ich lese das Buch zum zweiten Mal. Wobei ich überhaupt sehr gerne Biographien lese.

Domian: Ja, ich auch.

von Sinnen: Wer waren denn damals deine Idole? Nach der Hitparade – von Roy Black hast du erzählt. Wie ging es dann weiter?

Domian: Es gab viele Jahre in meiner Jugend das Idol Jesus Christus, eine ganz entscheidende Zeit für mich. Dann gab es das Idol Friedrich Nietzsche.

von Sinnen: Ah, das ist doch so ein Frauenfeind!

Domian: Ja, ... und vergiß die Peitsche nicht!

von Sinnen: (beide lachen) Liebe Leser, da kommen wir dann zu einem späteren Zeitpunkt noch mal drauf zurück!

Domian: Es gab das Idol Hermann Hesse. Ich würde die ganze Schwärmerei für Schlagerstars nicht als Idol-Verehrung bezeichnen. Und dann gab es natürlich immer wieder Idole in der Musik. Ich hab' zum Beispiel alles über Tschaikowsky verschlungen. Noch mal zu Jesus Christus: Ich war viele Jahre, so zwischen 14 und 20, ein wirklich fanatischer Christ. So fanatisch, daß ich Flugblätter vor der Kirche in Gummersbach verteilt habe, sonntags. Und die Leute beschimpft habe, weil sie nur sonntags aus Tradition in die Kirche gehen. Und nicht mit dem Herzen dabei sind. Was mir natürlich üble Reaktionen in der Kirchengemeinde eingebracht hat, was mir aber egal war. Ich hatte Jesus Christus vor Augen, wie er die Händler aus dem Tempel herausgepeitscht hat, weil sie in dem Haus Gottes sind und sich nicht würdig verhalten.

von Sinnen: Siehst du das heute auch noch so?

Domian: Nein, natürlich nicht!

von Sinnen: Ertappst du dich heute noch beim Beten?

Domian: Nein, aber ich ertappe mich immer wieder dabei, daß ich merke, wie sehr diese christliche Zeit in mir nachwirkt. Ich habe damals wirklich für diesen Glauben gelebt und war sehr engagiert in der Kirche in Gummersbach. Und bin dann, eben durch das Gymnasium, konfrontiert worden mit Feuerbach und Nietzsche. Und Feuerbach ist nun der Zerpflücker des Christentums schlechthin. Da fiel es mir wie Schuppen von den Augen. Und es dauerte nicht lange, sehr zum Leidwesen meiner Eltern, daß ich völlig von dem christlichen Glauben abkam und auch sehr schnell aus der Kirche ausgetreten bin. Dann kam diese Nietzsche-Phase. Das war für mich eine Zeit des Rausches. Nietzsche sagt „Nichts ist wahr! Alles ist erlaubt!" als Grundthese. Das war für mich in dem Lebensabschnitt wie elektrisierend. Im Philosophieunterricht hatte ich schon so einige Philosophen mitbekommen, aber dieser, der schlug wirklich voll in meine Kerbe hinein. Das fand ich faszinierend.

von Sinnen: Sei doch so gut und erkläre mir, warum Nietzsche gesagt hat: „Wenn du zum Weibe gehst, dann vergiß die Peitsche nicht."

Domian: Der hat so viel gesagt! Das ist genauso wie mit der Bibel. Man kann viele Zitate herausnehmen und sie mit anderen widerlegen. „Alles Gerade lügt.", sagt er ja auch – und meint damit das „Eindeutige". Zudem war er eine Klemmschwester, der seine Homosexualität nie richtig ausgelebt hat. Deshalb auch sein unentspanntes Verhältnis zu Frauen. Mir gefällt aber die Radikalität seines Denkens. „Man muß mit dem Hammer philosophieren.", meint Nietzsche. Was für eine Forderung! Nur so könne man sich wirklich von alten Moralgewohnheiten befreien. Das hat mir geholfen, die Zwangsjacke der christlichen Werte abzuwerfen. Ich habe allerdings erkannt und frühzeitig die Notbremse gezogen, daß man auf Dauer so nicht leben kann. Wenn ich in dieser Nietzsche-Welt geblieben wäre, wäre ich zu einem bösen, einsamen Egomanen geworden.

von Sinnen: Es gab damals Momente, in denen du mir richtig Angst machtest, mit Dingen, die du gesagt hast. Ich weiß noch, ich habe mal zu meiner Mutter gesagt: „Ich glaube, der Jürgen würde auch jemanden umbringen, nur um die Erfahrung des Mordens zu machen."

Domian: Ja. Das hast du damals richtig beobachtet. Wie erschreckend. Ich habe das auch intuitiv gespürt, daß ich mich in eine Randzone begeben habe. Und da habe ich angefangen, Kant zu lesen, den ich eigentlich schrecklich finde, weil er so fürchterlich kompliziert schreibt und man Stunden braucht, um einen Satz zu verstehen. Aber einen Satz habe ich richtig kapiert. Und der ist eigentlich Leitlinie bis heute für mein Leben geblieben, nämlich der kategorische Imperativ.

von Sinnen: Watt du nischt willst, datt man dir tu, datt füsch auch keinem andern zu!
Domian: Ja, so ähnlich: „Handle so, daß die Maxime deines Willens jederzeit zugleich als Prinzip einer allgemeinen Gesetzgebung gelten könne." Grandios. Ich versuche mich bis heute daran zu halten. Ich war es damals leid, einer Religion anzugehören, die einen fordernden Gott hat: „Du mußt das und das tun, und dann liebe ich dich, und du wirst vielleicht das ewige Leben erlangen." Ich hatte damals die Sehnsucht, heute auch noch, nach einem Gott, der sagt: „Ich liebe dich, aber was geht es dich an!" Das wäre ein Gott nach meinem Geschmack.
von Sinnen: Als du damals noch fundamentalistischer Christ warst, hattest du schon bisexuelle Gefühle, und warst du da in einem Gewissenskonflikt?
Domian: Also, ich werfe bis heute der evangelischen Kirche – der katholischen natürlich auch – vor, daß sie verkorkste Menschen züchtet. Ich hatte diese bisexuellen Gedanken in dem Maße damals noch nicht, aber natürlich heftige sexuelle Gedanken. Ich erinnere mich an große Diskussionen und Auseinandersetzungen, daß man sexuell freizügiger leben sollte. Wir bissen natürlich auf Granit. Was ich aber später erlebt habe, als das Thema Homosexualität auf der Tagesordnung war, ist unglaublich. Die Kirchen tragen eine große Schuld. Sie haben Millionen Seelen zerstört – und sie tun es heute noch. Mir riet einmal ein hoher Kirchenfunktionär, mich quasi zwangstherapieren zu lassen, um die schwulen, unchristlichen Gelüste in mir auszumerzen.
von Sinnen: Du hast ja damals den Militärdienst verweigert und hast Zivildienst gemacht. War das noch aus christlichen Erwägungen?
Domian: Ja, ich gehörte noch zu denen, die vor eine Kommission mußten. Ich bin da mit der Bibel unterm Arm reinmarschiert. Und hatte für jedes Argument ein Bibelzitat parat.
von Sinnen: Du hast den Zivildienst erst in einem Krankenhaus gemacht, bist daran aber nervlich gescheitert.
Domian: Es waren zwei Gründe. Der erste Grund war, daß ich da das erste Mal Leid und den Tod erlebt habe. Ich weiß heute noch den Namen des ersten Toten. Der ist im Alter von 53 Jahren an Lungenkrebs gestorben. Mittags. Und ich hatte ihn noch morgens rasiert, da sagte er zu mir: „Ach, es geht mir wieder richtig gut. Ich glaube, ich kann wieder in der Seniorenmannschaft Fuß-

ball spielen." Später wollte ich das Mittagessen bringen, kam rein, da war der Mund ganz weit aufgerissen und die Augen starrten an die Decke. Es war das erste Mal, daß ich einen Toten sah. Ich habe das damals nicht richtig auf die Reihe bekommen. Der zweite Grund war, daß das Krankenhaus sehr hierarchisch strukturiert war, und wir Zivildienstleistenden behandelt worden sind wie der letzte Dreck. Und das hat mir nicht gefallen, deshalb habe ich mich umbeworben.

von Sinnen: Du hast dann in der Erwachsenenbildung mehr oder weniger kopiert, Vorträge vorbereitet und Carola Stern vom Flughafen abgeholt.

Domian: Ja, sinnlose Arbeit.

von Sinnen: Würdest du heute sagen: „Hätte ich das mal mit dem Krankenhaus lieber weitergemacht?"

Domian: Ich hab oft drüber nachgedacht. Ich glaube ja. Weil das eine sinnvollere Arbeit gewesen ist. Aber ich hatte damals keinen, der mir dabei seelisch unter die Arme greifen konnte.

von Sinnen: War das damals auch Feigheit zu gehen?

Domian: Vielleicht ein bißchen auch das, ja.

von Sinnen: Was wäre für dich anders gelaufen, wenn du zum Beispiel in Stuttgart geboren worden wärst? Was ist Gummersbach für dich?

Domian: Ich wurde dort geboren. Ich habe meine Kindheit und Jugend dort verbracht. Und wenn meine Eltern nicht in Gummersbach wohnen würden, hätte ich damit nichts mehr am Hut.

von Sinnen: Du wärst heute nicht der, der du bist!

Domian: Ja, das ist immer schwierig, was wäre wenn. Ich kann nur sagen, das einzig wirklich Gute, was ich mit meinem Geburtsort verbinde, ist die Natur. Es ist eine sehr schöne Gegend, das Bergische Land.

von Sinnen: Das *Ober*bergische. Soviel Zeit muß sein!

Domian: Ich weiß noch, immer wenn ich früher mit meinen Eltern bei unseren Verwandten in Berlin war, hat mich das ungeheuer begeistert. Ich wollte immer in einer Großstadt leben. Ich habe schon ganz früh gedacht: „Bloß raus hier!" Später dann war es beruflich ja auch notwendig, dem Oberbergischen den Rücken zu kehren. Zudem: Stell dir das Leben als Bisexueller oder Schwuler in Gummersbach vor. Besonders damals. Es wäre ein Spießrutenlauf geworden oder ein verlogenes Leben.

von Sinnen: Wenn die Stadt Gummersbach dir jetzt anbieten

würde, Ehrenbürger zu werden, oder irgendeine Auszeichnung von der Stadt käme, würdest du die annehmen?
Domian: Ach, überhaupt nicht! Sie dürften Straßen nach uns benennen (beide lachen).
von Sinnen: So will ich dich! Wie ist es mit dem Bundesverdienstkreuz, würdest du eine staatliche Auszeichnung annehmen?
Domian: Ja! Natürlich. Wenn ich es mir wirklich verdient hätte.
von Sinnen: Ich würde dir sofort eins ans Revers pappen, bei dem, was du dir schon alles anhören mußtest. Mir wäre es doch zuviel gewesen, bei dem Gespräch mit Jennifer und Markus, obwohl ich Reklame für Klopapier gemacht habe.

Telefongespräch aus Eins Live DOMIAN:

Anscheißen

Domian: *Jennifer, wir unterhalten uns jetzt. Über was eigentlich?*
Jennifer: Über meinen Freund und seine Veranlagung.
Domian: *Was für eine Veranlagung?*
Jennifer: Er hat die Veranlagung, daß er sich mal gerne von mir... (zögert)... bekoten lassen würde.
Domian: *Iiiihhhh, ääääähhhhh! Wie unappetitlich!*
Jennifer: Das finde ich auch.
Domian: *Wie lange seid ihr zusammen?*
Jennifer: Ein halbes Jahr.
Domian: *Wann hat er es dir das erste Mal offenbart?*
Jennifer: Vor ein, zwei Monaten. Zuerst gar nicht. Jetzt fängt er damit an und sagt: „Ja, ich finde das toll." Er hat das schon gemacht, und ich fühle mich jetzt auch ein bißchen unter Druck gesetzt.
Domian: *Was hast du da spontan gedacht oder auch gesagt, als er das zu dir gesagt hat?*
Jennifer: Zuerst habe ich gedacht, daß er einen Witz macht. Dann fing er immer wieder davon an, und da habe ich begriffen, daß er es ernst meint. Für mich ist es unvorstellbar, mich da irgendwie...

Domian: *Für mich auch! Es ist auch für mich eine sexuelle Abartigkeit! Hat sich dein Bild von ihm verändert?*
Jennifer: Ja!
Domian: *Deine Gefühle auch?*
Jennifer: (zögert) Die Gefühle nicht. Ich liebe ihn immer noch.
Domian: *Aber hat die Liebe nicht irgendwie in der Ferne ein Fragezeichen bekommen?*
Jennifer: Einen Knacks hat sie dadurch auf jeden Fall bekommen.
Domian: *Hat er denn schon ein bißchen aus dem Nähkästchen geplaudert? Wie oder ob er es schon konkret mit Leuten gemacht hat?*
Jennifer: (zögert) Soll ich ihn dir mal geben? Dann erzählt er dir das selber?
Domian: *Gerne!*
Markus: Hallo Domian, hier ist der Markus.
Domian: *Du stehst also richtig auf ankoten?*
Markus: Ja, ich stehe darauf!
Domian: *Wann hast du das denn entdeckt bei dir?*
Markus: Vor ungefähr drei Jahren. Da habe ich das bei einer Frau kennengelernt. Die hatte damals schon Erfahrungen.
Domian: *Wie lernt man das denn einfach so kennen? Hat die gesagt, ich mache das jetzt einfach mal bei dir?*
Markus: So ging es ungefähr ab, ja! Wir waren zwei Jahre zusammen, und nach einem Jahr hat sie es mir erst gesagt.
Domian: *Und da hast du dann interessiert reagiert oder wie?*
Markus: Ja, klar. Ich konnte mir das vorher gar nicht vorstellen.
Domian: *Und dann hat sie es irgendwann bei dir gemacht?*
Markus: Ja.
Domian: *Wie? Wohin? Auf deine Brust oder was?*
Markus: Auf den Bauch.
(Pause)
Domian: *Also, das ist für mich so eine fremde Welt. Für die meisten Leute wahrscheinlich auch. Ich muß noch mal fragen: Da kackt dir deine Freundin auf den Bauch? Und dann?*
Markus: Das macht mich einfach an.
Domian: *Ja, was passiert denn dann?*
Markus: (zögert) Ich weiß nicht, wie ich es beschreiben soll ...
Domian: *Sag einfach, wie es dann weitergeht.*
Markus: Dabei bekomme ich meine Errektion.
Domian: *Und dann?*
Markus: Das ist eben der Kick.

Domian: *Wie lange bleibt der Kot auf deinem Bauch?*
Markus: Ungefähr fünf Minuten.
Domian: *Und schläfst du dann auch mit der Frau, während der Kot noch auf deinem Bauch liegt?*
Markus: Nein, Sex haben wir in diesem Moment nicht.
Domian: *Es ist also nur eine ungeheure Erregung für dich, wenn der Haufen auf deinem Bauch liegt?*
Markus: Genau.
Domian: *Hast du dann auch einen Orgasmus?*
Markus: Ja!
Domian: *Deine Freundin hat es dir mit der Hand gemacht?*
Markus: Genauso war das.
Domian: *Die Bude stinkt ja danach! Gehst du dann duschen, oder nimmst du das mit einem Handtuch weg?*
Markus: Erst mit einem Handtuch, dann gehe ich unter die Dusche.
Domian: *Das ist doch eine ungeheure Sauerei!*
Markus: Es ist eine Sauerei ... (überlegt) Ich weiß nicht, was ich dazu sagen soll.
Domian: *Ich finde es ekelhaft, du findest es antörnend. Aber du kannst es nicht genau erklären, warum du es antörnend findest?*
Markus: Nein, kann ich nicht.
Domian: *Kannst du es nachvollziehen, daß sich die meisten Leute ekelnd abwenden?*
Markus: Na klar, ich hätte es mir vorher ja auch nicht vorstellen können.
Domian: *Wie gehst du denn jetzt damit um, daß deine Freundin Jennifer überhaupt nichts damit am Hut hat? Und sie hat ja auch gesagt, daß sie sich unter Druck gesetzt fühlt.*
Markus: Wir haben in der letzten Zeit viel darüber geredet. Ich weiß, daß ich sie zu nichts drängen kann. Sie hat mir gesagt, daß sie absolut dagegen ist, und da werde ich auch nichts machen können.
Domian: *An deiner Stelle wäre ich auch ganz hellhörig. Sie hat ja sogar gesagt, daß die Liebe einen Knacks bekommen hat. Ist denn diese Leidenschaft so stark, daß du nicht darauf verzichten kannst?*
Markus: Nein, würde ich nicht sagen.
Domian: *Du kannst eine erfüllte Sexualität auch leben, ohne dieses zu praktizieren?*
Markus: Ich bin ja nun schon ein halbes Jahr mit ihr zusammen, und es hat auch ohne funktioniert. Ich kann auch ohne leben. Obwohl es mir den absoluten Kick gäbe.

Domian: *Wie wirst du dich Jennifer gegenüber jetzt weiter verhalten?*
Markus: Sie akzeptiert es nicht, und dagegen werde ich auch nichts machen können. Ich möchte auf jeden Fall mit ihr zusammenbleiben.
Domian: *Dazu kann man wirklich niemanden drängen. Ich möchte dich noch etwas fragen: Habt ihr das damals eigentlich öfter praktiziert?*
Markus: Es kam schon öfters vor. Zwar nicht in regelmäßigen Abständen ...
Domian: *Auch umgekehrt, daß du es bei ihr gemacht hast?*
Markus: Das nicht.
Domian: *Wie geht das überhaupt? Man kann doch nicht immer?! Wie schafft man es, daß man in dem Moment auch wirklich kann?*
Markus: Man wartet eben auf den richtigen Zeitpunkt. Es ist ja nicht täglich oder wöchentlich passiert.
Domian: *Man muß also den Moment, wo man Stuhlgang erwartet, auch abpassen?*
Markus: Ja.
Domian: *Was hat denn eigentlich deine Freundin davon gehabt?*
Markus: Für sie war es auch ein Kick. Hat sie mir erzählt.
Domian: *Fremde Welten ... Gibst du mir Jennifer noch mal?*
Jennifer: Hallo.
Domian: *Nimmst du es ihm ab, daß er dich nicht unter Druck setzen will?*
Jennifer: (zögerlich und überlegend) Ja, ich denke schon.
Domian: *Es ist schon seltsam, so etwas von seinem Freund zu wissen, oder?*
Jennifer: Ja, ziemlich.
Domian: *Hat er dir das auch schon mal so detailliert erzählt wie mir gerade?*
Jennifer: So genau nicht. Ich wollte es auch nicht so genau hören.
Domian: *Hoffen wir, daß er sich an seine Worte hält und daß eure Beziehung keinen Schaden nimmt. Alles Gute euch beiden.*
Jennifer: Dir auch.

von Sinnen: Ist nicht das Sich-Anscheißen-Lassen vom Partner ein ungeheurer Akt des Vertrauens, sich so bedingungslos hinzugeben?
Domian: Das mag sein, und ich finde das auch völlig in Ordnung, wenn beide drauf stehen. Aber ich kann das für meine Person überhaupt nicht nachvollziehen. So wie ich für meine Person alle extremen sexuellen Praktiken ablehne. Ich bin in der Beziehung eher stinknormal. Für mich kommt z. B. auch Fisting überhaupt nicht in Frage. Aber ich respektiere es, wenn jemand drauf steht. Es ist eine uralte sexuelle Spielart. Ich würde es auch nicht jemandem zuliebe tun. Das könnt ich nicht.
von Sinnen: Was ist für dich pervers?
Domian: Sex mit Kindern. In jeglicher Beziehung. Und ohne Einschränkung. Vielleicht noch Sex mit Tieren. Aber ich verzeihe keinem Erwachsenen, der sich an einem Kind vergreift.
von Sinnen: Wie stehst du zu Fetischisten? Nylonstrümpfe tragen, auf Pumps abfahren, etc.?
Domian: Ich habe ja eine Grundposition: Wenn zwei sich treffen, die Spaß dran haben, ist es O. K. Wenn niemand drunter leidet, ist es O. K. Und wenn die Person selbst nicht drunter leidet, dann ist alles in Ordnung. Es gibt sicher Abartigkeiten in der Sexualität, Stichwort Windelfetischisten, die zur Vereinsamung der Menschen führen. Dann lehne ich es ab. Aber wenn Windelfetischisten sich treffen und mit ihren Windeln Spaß haben, warum nicht?
von Sinnen: Hast du irgendeinen Fetisch? Gibt es irgendwas am Körper Deines Partners oder deiner Partnerin, was für dich absolut erogen ist und erregend?
Domian: Stimmen, Ohren und Hälse können mich sehr anmachen.
von Sinnen: Wie ist eigentlich seinerzeit das Experiment mit den Brennesseln verlaufen?
Domian: Ein Hörer hatte mir geraten, frische Brennesseln zu pflücken und diese Brennesseln vorsichtig auf die Eichel zu reiben.
von Sinnen: Du hast es natürlich ...
Domian: Ja, ich bin sehr interessiert an Aphrodisiaka und dachte mir: Mach das mal. Habe die Brennnesseln hier in einem Kölner Schrebergarten gepflückt und es später ausprobiert. Es war schrecklich, weil es nur Pusteln und Rötungen gab. Und es war alles andere als geil.
von Sinnen: Was kannst du denn für Aphrodisiaka empfehlen?

Domian: Es gibt ein sogar wissenschaftlich anerkanntes Mittel, das heißt Yohimbin. Das ist ein Extrakt aus der Rinde eines asiatischen Baumes. Viele Fetischpriester haben diese Substanz jahrhundertelang verwendet und wilde Orgien gefeiert. Übrigens auch eine sehr beliebte Droge in den 20er Jahren in Deutschland. Die High-Society hat sich das Zeug reingepfiffen, und es kam zu großen Sexorgien.
von Sinnen: Nimmt man das in Pillenform, oder raucht man das?
Domian: In Pillenform.
von Sinnen: Also Hoffnung für alle, die Viagra nicht bekommen.
Domian: Wohl nicht so wirksam. Aber auch Yohimbin sollte man unter ärztlicher Kontrolle einnehmen. Zumindest vorher mal mit einem Arzt reden. Man bekommt es ja auch nur auf Rezept.
von Sinnen: Gut, jetzt sind wir ja schon beim Thema Sex. Dann geht's jetzt los. Alles, was unsere Leser immer schon über Jürgen Domian erfahren wollten. Du sagst von dir, du bist bisexuell. Warum bist du nicht schwul?
Domian: Ich bin 70 Prozent schwul und 30 Prozent hetero, das ergibt bi. Frauen finde ich sexuell sehr anziehend. Wirklich lieben aber kann ich nur Männer. Im Moment jedenfalls.
von Sinnen: Lieber Jürgen, ich habe manchmal das Gefühl, daß du etwas schwanzfixiert bist. Erzähl uns doch mal von deiner Beziehung zu deinem Schwanz. Dein Schwanz und du. Hast du zum Beispiel einen Kosenamen für dein bestes Stück?
Domian: Nein, ich habe keinen Kosenamen. Aber das ist wahrscheinlich nur schwerlich nachzuvollziehen für dich als Mädchen. (Gelächter) Es ist natürlich ein exorbitantes Körperteil für einen Mann.
von Sinnen: Vor allen Dingen „exorbitant", ja. Wie lang ist er denn im unerigierten Zustand?
Domian: Das erzähl ich nicht – ätsch! Es müssen noch einige Geheimnisse übrig bleiben. Nein, aber er ist für jeden Mann ein ganz wichtiges Körperteil. Und ich liebe ihn. Ich finde es wunderbar, als Mann auf die Welt gekommen zu sein – und nicht als Frau.
von Sinnen: Das einzige Problem ist nur, wenn du auf nicht so gut gepflegten Toiletten dein Geschäft verrichten mußt. Da weiß man nicht genau wohin mit dem armen Schwanz.
Domian: Ich bin ein Stehpinkler. Ich finde Männer, die im Sitzen pinkeln, weibisch.
von Sinnen: Ich freue mich, daß ich keinen Schwanz habe, aber

dieses Stehpinkeln macht mich schon manchmal ein bißchen neidisch.
Domian: Ich glaube, daß viele Frauen darauf sehr neidisch sind!
von Sinnen: Erzähl doch mal ein bißchen von den Ritualen auf Männerpissoirs, was da so abgeht, wenn man so da steht.
Domian: Ich gehöre zu den Männern, die nicht pinkeln können, wenn neben ihnen ein Mann pinkelt. Das ist für mich psychologisch unerklärbar. Ich bin weder schamhaft, noch habe ich Angst vor anderen Männern oder anderen Schwänzen. Ich habe überhaupt keine Idee. Ich gehe manchmal aus dem Pissoir wieder raus, wenn dort Männer pinkeln, oder gehe auf ein Häuschen und schließe mich ein.
von Sinnen: Ich glaube aber, das haben andere Männer auch. Würdest du mit dir selbst ins Bett gehen?
Domian: Sofort. Ich würde auch alles mit mir machen, was ich selber gern habe.
von Sinnen: Du hast in deinem letzten Buch geschrieben, daß du unglaublich neidisch auf Lars bist, der Autofellatio beherrscht hat. War das Ironie?
Domian: Nein, nein. Autofellatio ist die Fähigkeit, sich selbst oral zu befriedigen, also sich selbst einen zu blasen. Ich würde es so gerne können. Grandios. Mit meinem Mund meinen Schwanz zu berühren, ist mir mit einigen akrobatischen Akten schon mal gelungen. Aber es war dann so anstrengend, daß es doch nicht mehr schön war. Es gibt ja auch Frauen, die das können. Goethe, die alte Sau, schreibt darüber in der „Italienischen Reise".
von Sinnen: War der nicht auch eher schwul?
Domian: Er war alles.
von Sinnen: Was hast du für ein Verhältnis zu Tunten?
Domian: Ach, ich amüsiere mich köstlich über sie. Aber sie interessieren mich als Geschlechtspartner überhaupt nicht.
von Sinnen: Auf welche Art Männer stehst du denn?
Domian: Je maskuliner ein Mann ist, desto mehr gefällt er mir. Das ist das Ideal. Aber im Leben läuft es manchmal anders. Da liebt man dann plötzlich, mehr als alles andere auf der Welt, das eher Jungenhafte und nicht so Maskuline.
von Sinnen: Was macht denn einen Mann für dich attraktiv?
Domian: Ein Mensch wird generell für mich attraktiv durch ein klares Erscheinungsbild, sowohl äußerlich als auch was die Charaktereigenschaften angeht. Da würde ich gar nicht so unter-

scheiden zwischen männlich und weiblich. Aber ein Mann muß eben ein Mann sein. Er darf keine weibischen Attitüden haben.
von Sinnen: Und bei Frauen?
Domian: Ich mag sehr feminine Frauen. Zum Beispiel die junge Sophia Loren. Ich könnte in den Fernseher reinspringen, wenn ich alte Filme von ihr sehe. Ich finde sie wunderbar. Sie ist so erotisch.
von Sinnen: Sophia Loren hat ja eher so diese Tubenfigur mit großen Brüsten.
Domian: Ich liebe große Brüste.
von Sinnen: Braune Mandelaugen, volle Lippen, dicke Titten. Und die müssen sich dir dann auch hingeben und laut schreien, wenn du sie nimmst?
Domian: Ich empfinde es immer als Kompliment, wenn Menschen laut schreien im Bett. Ich schreie selbst gerne. Und ich habe sehr lange dafür gebraucht, weil Männer es eigentlich nicht machen. Frauen lassen sich da viel eher gehen. Ich habe bemerkt, je lauter ich schreie, desto intensiver kann ich den Orgasmus erleben. Und das ist eine tolle Sache.
von Sinnen: Kann ich bestätigen.
Domian: Gut, daß wir nicht nebeneinander wohnen (beide lachen). Oder schade eigentlich.
von Sinnen: Beschreibe dich mal selber für eine Kontaktanzeige.
Domian: Ich würde nie eine Kontaktanzeige aufgeben. Ich habe auch noch nie eine aufgegeben.
von Sinnen: Beschreibe dich mal für eine Kontaktanzeige.
(Pause)
Domian: Ich kann das jetzt nicht ad hoc sagen. Ich würde ganz lange daran tüfteln, um vielleicht zwischen den Zeilen etwas rüberzubringen. Das wäre sicher ein Tag Arbeit.
von Sinnen: Aber zum Beispiel rein äußerlich. Größe?
Domian: 1,84.
von Sinnen: Und sind deine Augen jetzt grün?
Domian: Grün-grau würde ich sagen. Oder?
von Sinnen: Ja, grün-grau. Graue Schläfen.
Domian: Etwas, leider.
von Sinnen: Die färbst du dir aber nicht?
Domian: Nein, noch nicht. Aber ich überlege es zu tun. Wobei das ein Problem ist, bei so ganz kurzen Haaren. Ich mag mich nicht mit grauen Haaren. Das heißt, da muß irgendwas passieren.

von Sinnen: Kein Haustier, aber auch keine Allergie?
Domian: Doch, eine Allergie gegen Katzenhaare und manchmal auch gegen Hundehaare, aber nicht immer.
von Sinnen: Nichtraucher?
Domian: Nichtraucher.
von Sinnen: Nichttrinker?
Domian: Selten-Trinker.
von Sinnen: Nichtpupser (lacht)?
Domian: Nichtpupser (beide lachen).
von Sinnen: Könntest du denn mit einem Raucher zusammenleben?
Domian: Ja, könnte ich. Ich bin kein fanatischer Nichtraucher. Ich finde die Anti-Raucher-Hysterie im Moment schrecklich.
von Sinnen: Das finde ich auch unglaublich. Würdest du dich fürs Playgirl nackt fotografieren lassen?
Domian: Ja, bei entsprechendem Honorar.
von Sinnen: Du hast mal in einer Sendung gesagt, daß du auch auf One-Night-Stands stehst. Ist das noch so?
Domian: Im Moment ist das nicht so, aber das gab es in meinem Leben schon des öfteren. Aber meistens mit üblem Beigeschmack. Vor allen Dingen am anderen Tag oder kurz danach. Es gab Situationen, da wachte ich am Morgen auf und jemand lag neben mir und ich dachte: Mein Gott, nur weg hier, nur weg hier. Das führte dann dazu, daß ich hinterher nach dem vollzogenen Geschlechtsakt sofort gegangen bin oder meinen Partner gebeten habe, zu gehen. Weil ich das miteinander Schlafen viel intimer finde, als Sex miteinander zu haben. Wenn ich in meinem Bett jemanden schlafen lasse, ist das fast das höchste Kompliment, was ich jemandem machen kann. Den Schwanz oder die Brüste eines Menschen anzufassen, hat gar nicht einen so großen Stellenwert. Aber in meinem Bett jemanden atmen zu hören und dessen Geruch wahrzunehmen, das ist intim.
von Sinnen: Aber wenn man nicht mit Menschen aufwachen möchte, warum fickt man dann mit denen?
Domian: Weil man geil ist.
von Sinnen: Hast du schon einmal einen Stricher gekauft?
Domian: Nein.
von Sinnen: Warum nicht?
Domian: Ich hatte und habe es nicht nötig. Und ich stehe nicht auf käuflichen Sex. Aber ich war einmal im Puff. Das war sehr

nett, zusammen mit einem Freund. Das ist sehr lange her, wir haben uns mit einer hübschen Prostituierten vergnügt.
von Sinnen: Aber alleine hättest du das nicht gemacht, da mußte schon der Freund dabei sein?
Domian: Ach, ich hätte es sicher auch alleine gemacht. Aber es war so eine Schnapsidee damals. Wir saßen zusammen, hatten was getrunken und dann sagte mein Freund: „Komm, heute gehen wir ..." Und dann haben wir es gemacht. Es hat 150 Mark gekostet.
von Sinnen: Ein heterosexueller Freund?
Domian: Ja, ein heterosexueller Freund.
von Sinnen: Weißt du denn noch, was dich in der Situation am schärfsten gemacht hat? Daß es käuflicher Sex war oder es zu dritt war? Oder dabei zu sein, wenn er sie vögelt oder sie zu vögeln, wenn er dabei zuguckt.
Domian: Also, ich fand es schon sehr scharf, dabei zu sein, während mein Freund Sex mit dieser Prostituierten hatte. Ich fand überhaupt diese Gruppensex-Situation sehr anmachend. Nicht weil man jetzt Sex gekauft hat, das gesamte Ambiente, es hat so etwas Verruchtes, so etwas Verbotenes, man begeht einen Tabubruch.
von Sinnen: Hast du privat dann auch noch mal Gruppensex gemacht?
Domian: Ja, einmal. Auf einer Reise. Wir waren 3 Männer und zwei Frauen. Die beiden Männer waren stockhetero, die Frauen leicht bi. Nach der gemeinsamen Nacht waren auch die beiden Männer ziemlich bi. Es war sehr geil. Wie im Porno. Der Wein floß in Strömen und wir wurden immer enthemmter. Das alles war überhaupt nicht geplant, und noch einen Tag vorher hätte ich das nie und nimmer für möglich gehalten.
von Sinnen: Haben es die beiden Heteromänner auch miteinander getrieben?
Domian: Wir hatten alle miteinander Sex. Der eine flüsterte mir ins Ohr, wie aufregend es doch sei, einen Mann zu küssen und die Beinhaare eines Mannes an den eigenen Beinen zu spüren. Ich habe die Jungs nie wieder gesehen, nie wieder etwas von ihnen gehört.
von Sinnen: Du freust dich immer so über Sexthemen, Jürgen, daß ich zwei Theorien habe: Entweder du treibst es jede Nacht und bist eine Sensation im Bett, oder du bist völlig verklemmt, weil Hunde, die bellen, beißen nicht.

Domian: Ich bin völlig verklemmt (beide lachen).
von Sinnen: Das hatten wir ja beim Pupsen schon festgestellt (beide lachen). Du bist auch nicht sexsüchtig?
Domian: Nein, überhaupt nicht.
von Sinnen: Den Eindruck hat man manchmal, weil du so begeistert über Sex sprichst.
Domian: Ich spreche sehr gerne über Sex seit meinem sechsten Lebensjahr. Und ich habe sehr viel Spaß an diesen Themen, aber ich bin nicht die Superrakete.
von Sinnen: Und wenn du masturbierst, hast du dann spezielle Phantasien, die immer wieder auftauchen, seit Jahren?
Domian: Also, meine Liebe! Es gibt zwei Punkte, über die ich nicht spreche: Das ist die Länge meines Gliedes und über meine Masturbationsphantasien.
von Sinnen: Gut. Würdest du dich als Voyeur bezeichnen?
Domian: Ja!
von Sinnen: Machst du im Bett Experimente?
Domian: Also, ich habe viel ausprobiert und weiß zumindest, was ich alles nicht will. S/M zum Beispiel. Oder Darkrooms sind nicht mein Ding. Cruising, also das Herumtreiben in schwulen Parks, finde ich öde und absolut ungeil. Ich steh' nicht auf Leder und nicht auf Fisten. Ich will einfach begehren und begehrt werden.

Telefongespräch aus Eins Live DOMIAN:

Chauvinist

Domian: Herzlich willkommen Nicole, 20 Jahre alt.
Nicole: Ich hatte noch nie einen Orgasmus mit meinem Freund.
Domian: Wie lange bist du schon mit ihm zusammen?
Nicole: Schon zweieinhalb Jahre. Ich weiß nicht, wie ich es sagen soll. Er versucht ständig mit mir ins Bett zu gehen. Ich muß ehrlich sagen, daß ich mich teilweise mißbraucht fühle.
Domian: Das heißt, du hast überhaupt keine Lust, mit ihm in irgendeiner Weise Sexualität zu erleben?

Nicole: Ehrlich gesagt nein! Ich mache es halt trotzdem immer wieder. Vielleicht bin ich auch ein bißchen zu schüchtern.
Domian: *Aber ihr schlaft schon miteinander?*
Nicole: Ja schon, aber nur, wenn er dazu Lust hat. Ich muß mich immer dazu durchringen.
Domian: *Ganz krass gesagt: Du läßt es über dich ergehen?*
Nicole: Ich bin immer froh, wenn es vorbei ist.
Domian: *Du hast überhaupt keinen Spaß dabei?*
Nicole: Also ich empfinde überhaupt nichts dabei. Es ist eine Tortur für mich.
Domian: *War das von Anfang an so?*
Nicole: Eigentlich schon. Ich konnte ihm das auch nie sagen. Ich habe auch häufig versucht, dich zu erreichen, aber es hat nie geklappt.
Domian: *Warum machst du das alles mit?*
Nicole: Eigentlich ist es so, daß ich ihn verdammt gern habe, ihn vergöttere. Sonst würde ich das nie tun.
Domian: *Nicole, wie ist es denn mit dir alleine? Onanierst du?*
Nicole: Das schon, teilweise.
Domian: *Hast du Spaß mit dir selbst? Machst du das gerne?*
Nicole: Das schon, aber ich habe ständig ein schlechtes Gewissen gegenüber meinem Freund. Er kommt halt ständig zu mir, ob nachmittags oder abends. Es ist überhaupt nicht romantisch. Er will halt ständig mit mir schlafen.
Domian: *Hast du mit dir selbst schon mal einen Orgasmus gehabt?*
Nicole: Das schon, aber ich denke, daß es etwas anderes ist.
Domian: *Also ich glaube, daß man kein schlechtes Gewissen haben muß, wenn man in einer Beziehung onaniert.*
Nicole: Ich finde nett, daß du das sagst. Aber ich habe immer noch ein schlechtes Gewissen dabei. (flüstert) Es tut mir leid, aber mein Freund kommt gerade ins Zimmer rein.
Domian: *Dann können wir nicht weiterreden?*
(Pause – Flüstern im Hintergrund)
Nicole: Ich gebe ihn dir mal.
Abbass: Domian? Hallo, hier ist Abbass!
Domian: *Hallo!*
Abbass: Paß auf, ich habe eben ungefähr mitbekommen, um was es geht. Ich bin ganz anderer Meinung!
Domian: *Nämlich?*
Abbass: Paß auf, also ich bin Perser. Bei uns zu Hause ist es so:

Wenn wir Lust auf eine Frau haben, dann nehmen wir uns die Frau auch. Egal, ob sie Deutsche, Türkin oder Perserin ist. Wenn wir Lust haben, ist es einfach so!
Domian: *(laut) Junge, paß mal auf! Gott sei Dank leben wir, was diese Angelegenheiten betrifft, nicht in Persien, sondern in Deutschland. Und in Deutschland nimmt man sich nicht einfach eine Frau! Wenn du deine Freundin gerne hast, mußt du verdammt noch mal auch Rücksicht auf sie nehmen. Es geht doch in der Beziehung nicht nur um dich, um deine Lust und deine Befriedigung!*
Abbass: Aber ich sehe es so: Ich verdiene das Geld ...
Domian: *Hör mal, was sind das für Sprüche?*
Abbass: Ich kann machen, was ich will! Wenn ich Lust habe, dann nehme ich sie!
Domian: *Weißt du, Abbass, wenn du so drauf bist, dann wünsche ich dir wirklich von Herzen, daß sich die Nicole so schnell wie möglich von dir trennt.*
Abbass: Warum?
Domian: *Weil das eine menschenverachtende Haltung ist!*
Abbass: Finde ich nicht!
Domian: *Finde ich aber sehr! Du siehst die Frau nicht als Mensch, sondern als Vieh!*
Abbass: Ich sehe die Nicole als Frau! Aber wenn ich Lust habe, dann habe ich auch Lust!
Domian: *(sehr laut) Hör doch auf! Woher nimmst du das Recht, die Frau so zu behandeln?*
Abbass: Weil ich Mann bin!
Domian: *Toll! Ich gratuliere! Du bist nicht mehr und nicht weniger wert als die Frau.*
Abbass: Wer sagt das?
Domian: *Ich sage das, und in Deutschland ist das so! Das sind die Menschenrechte!*
Abbass: Wo steht das, daß es in Deutschland so ist? In Persien ist das so, und warum soll das in Deutschland anders sein?
Domian: *Du lebst hier nicht in Persien, und du hast dich unseren Gesetzen anzupassen!*
Abbass: Wo steht das im Gesetz?
Domian: *Guck mal ins Grundgesetz. Wir leben hier, Gott sei Dank, nicht mehr im Mittelalter. (noch lauter) Chauvinistensprüche sind das, was du da redest! Jetzt gib mir die Nicole noch mal!*
Abbass: O. K. (Gemurmel im Hintergrund)

Nicole: Also Domian, ich würde dich lieber noch ein anderes Mal anrufen.
Domian: *Ich muß dir kurz was sagen! Wahrscheinlich habt ihr jetzt den Megastreß da! Wenn du so einen Freund hast, wundert es mich überhaupt nicht, daß du keinen Spaß am Sex hast. Laß dich nicht so mißbrauchen, Nicole! Das ist unglaublich! Du bist eine junge Frau, und du hast deine Rechte! Und wenn du sagst, du hast keine Lust auf Sexualität, hast du dich verdammt noch mal nicht unterzuordnen. Da kommt mir ja alles hoch! Laß das doch nicht mit dir machen! Du bist doch eine eigenständige Person! Es geht doch um dein Leben und deine Sexualität!*
Nicole: Ich weiß nicht, ob ich den Mut habe, Schluß zu machen.
Domian: *Du kannst dich doch nicht so behandeln lassen! Der nimmt dich doch überhaupt nicht ernst! Du bist doch gar kein Mensch für den!*
Nicole: Wenn ich das so höre, denke ich mir auch, daß es ja wohl nicht sein kann. Aber irgendwie glaube ich, daß er mich auch ein wenig liebt.
Domian: *Also wie der über dich redet ... Das ist für mich keine Liebe! Das ist plumpe Menschenverachtung! Ich versteh' nicht, daß du das solange bei dem aushältst. Deine ganze Sexualität geht kaputt dadurch! Ihr seid jetzt schon so lange zusammen, und du hast noch nie Spaß am Sex gehabt. Hätte ich auch nicht, bei so einem Kerl.*
Nicole: (überlegt) Vielleicht hast du recht ... So krass hab ich das auch noch nie gehört.
Domian: *Wie kommt das? Ist er jetzt sehr wütend, daß du hier angerufen hast?*
Nicole: Ich glaube schon.
Domian: *Gibst du ihn mir noch mal?*
(Pause)
Abbass: Also Domian, ich sehe das ganz anders. Paß auf, ich verdiene 6 000 Mark netto im Monat ...
Domian: *Klasse!*
Abbass: ... und Nicole verdient so gut wie nichts. Sie ist noch in der Ausbildung.
Domian: *Ja und?*
Abbass: Nix na und! (schreit) Ich unterhalte uns, und ich habe auch sämtliche Rechte!
Domian: *(total aufgeregt) Hör mal, was hast du für Vorstellun-*

gen? Das zieht mir die Schuhe aus! Du verdienst viel Geld, Klasse! Sie ist doch nicht deine Leibeigene! Wie alt bist du?
Abbass: Ich bin 24.
Domian: *Tolle Sache, wenn du so viel Geld verdienst in dem Alter. Das gibt dir aber doch nicht das Recht, über eine Frau zu verfügen. Sie ist doch nicht dein Haustier, Mensch!*
Abbass: Es hat nichts mit Haustier zu tun. Es hat einzig und allein damit etwas zu tun: Wenn ich Lust habe, habe ich Lust! Und wenn sie Lust hat, hat sie Lust!
Domian: *Aber Nicole hat nie Lust!*
Abbass: Ach ...
Domian: *Nicole ist so lange mit dir zusammen und empfindet keine Lust beim Sex mit dir. Weil du sie einfach nur nimmst und überhaupt nicht auf sie eingehst.*
Abbass: Ja und?
Domian: *Das bestätigt mir doch nur, daß du dich einen Scheißdreck um die Gefühle deiner Freundin kümmerst.*
Abbass: Ich unterhalte uns ...
Domian: *Na und?*
Abbass: ... ich habe dann auch das Recht ...
Domian: *(brüllt) Nein, das hast du nicht!*
Abbass: Doch!
Domian: *Nein, verdammt noch mal!*
Abbass: Doch!
Domian: *Ich hoffe sehr, daß dir irgend jemand dazwischenfunkt! Du hast nicht das Recht, ein 20jähriges Mädchen so zu behandeln. Du behandelst sie wie ein Stück Mist! (aufgelöst) Am liebsten würde ich zu euch kommen ...*
Abbass: Also, ich liebe Nicole ...
Domian: *Eine tolle Liebe ist das!*
Abbass: Ich liebe Nicole, aber wenn ich Lust habe, habe ich Lust und sie hat dann die Pflicht ...
Domian: *Nein, das hat sie überhaupt nicht! Ich kann nur hoffen, daß sie dich ganz, ganz schnell verläßt!*
Abbass: Wo steht das geschrieben?
Domian: *Wir drehen uns im Kreis.*
Abbass: Ich weiß es von meiner Mutter. Es ist einfach so!
Domian: *Dann ist es jetzt höchste Eisenbahn, daß es beendet wird. Ich wünsche dir von Herzen, daß du keine Frauen mehr bekommst, die so etwas mitmachen.*

Abbass: Domian, ich habe schon andere Frauen gehabt, und es war jedesmal so. Wenn du Perser bist, hast du die Frauen einfach so zu behandeln. Und wenn du Lust hast, dann hast du Lust!
Domian: Ich finde es zum Kotzen. Ich habe echt keine Lust mehr auf dich, und ich hoffe nur, daß die Nicole ...
Nicole: Hey Domian!
Domian: Hallo Nicole!
Nicole: Ich möchte mich nur bei dir bedanken, und ich habe, glaub' ich, meine Konsequenz daraus gezogen.
Domian: O. K. Nicole, ich koche richtig. Ich wünsche dir alles, alles Gute. Melde dich doch bitte noch mal bei uns.
Nicole: Mach' ich, vielen Dank.

von Sinnen: Hat sich Nicole eigentlich noch mal bei dir gemeldet?
Domian: Ja, wir hatten große Sorge: Was passiert da jetzt? Dann haben wir in der Nacht noch angerufen und waren beruhigt, weil Nicole und ihr Freund auf einer Klassenfahrt waren. Sie hat uns bestätigt, daß es zwar noch Zoff gegeben hat, aber aufgrund der Situation, daß da so viele Leute dabei waren, sie keine Angst hatte. Was dann weiter daraus geworden ist, das weiß ich nicht.
von Sinnen: Was macht dieser religiöse Fanatismus mit dir?
Domian: Ich habe früher gar nicht ermessen, wie verbreitet es ist. Solche Geschichten wurden ja aufgrund der Political Correctness bisher unterm Tisch gehalten. Man sprach nicht darüber, um nicht die Ausländer als solche in ein schlechtes Licht zu rücken. Was natürlich falsch ist. Auch das ist ein Teil der Realität. Für mich als aufgeklärten Westeuropäer ist das tiefstes Mittelalter! Und ich sitze da und kann es nicht glauben, daß Eltern ihre Kinder umbringen wollen. Ich hatte türkische junge Mädchen am Telefon, die Angst hatten, von ihren Eltern, von ihren Brüdern oder von ihrer Verwandtschaft umgebracht zu werden, nur weil sie den Mann, den die Familie für sie auserkoren hat, nicht heiraten wollen. Das ist für mich so unvorstellbar. Und ich muß schon sagen, daß mir das Angst macht. Es hat für mich auch eine politische Dimension. Ich möchte, daß solche islamistischen Kreise in Deutschland nicht an Einfluß gewinnen.

von Sinnen: Hast du denn persönlich schon schlechte Erfahrungen mit fanatischen Ausländern gemacht?
Domian: Ja, leider. Es war vor einigen Monaten um 23 Uhr an einem Samstagabend mitten in der Kölner Innenstadt. Ich wurde überfallen. Die Situation war wie folgt: Ich war mit meinem Freund unterwegs und wir gingen über den Kölner Neumarkt – das ist ein sehr belebter Ort in Köln – und wir kommen an einem Auto vorbei. Aus diesem Auto steigen zwei – wie sich hinterher herausstellte – türkische Jungs, gut angezogen, etwa im Alter von 20, 21 Jahren. Unsere Wege kreuzten sich, und einige Sekunden später rief einer von denen zu mir: „Du Hurensohn aus dem Fernsehen, bleib stehen!" Darauf habe ich nicht reagiert, und einige Sekunden später spürte ich seine Hände an meiner Schulter. Er riß mich um und schmiß mich auf die Straße. In dem Moment konnte ich mich überhaupt nicht wehren, so schnell ging das. Keine Chance zu reden oder zu beschwichtigen. Ich will mich aufrichten und mein Freund versucht den, der mich auf den Boden geworfen hat, etwas zurückzustoßen, weil er ansetzte, auf mich einzutreten. Daraufhin, blitzschnell, kriegt mein Freund von dem anderen brutal die Faust ins Gesicht geknallt. Das Blut spritzte, die Lippe und das Kinn waren stark verletzt. Ich hatte mich inzwischen aufgerichtet, und es wäre sicher zu einer Schlägerei gekommen. Dann aber fuhr ein Auto langsam an uns vorbei und eine junge Frau rief den beiden Typen etwas auf türkisch zu. Sofort gingen sie einen Schritt zurück, und der eine sagte: „Komm', laß, wir hauen ab!" Mein Freund und ich verbrachten den Rest der Nacht im Krankenhaus und bei der Polizei. Eine schreckliche Nacht war das. Seitdem bin ich kaum noch ohne Personenschutz unterwegs. Wir haben lange darüber nachgedacht, was wohl dahintersteckte. Mittlerweile glaube ich, die Gründe zu wissen. Oft melden sich in meiner Sendung türkische Mädchen, die zwangsverheiratet werden sollen. Sie sind immer verzweifelt, oftmals auf der Flucht vor ihrer Familie. Ich ermutige diese Anruferinnen immer zur Eigenständigkeit, sich nicht dem Willen der Familie, dem Willen der Eltern unterzuordnen, sich halt zu wehren. Dieses Zwangsverheiraten ist eine schlimme Tradition; so menschen- und frauenverachtend. Diese Meinung vertrete ich offen in meiner Sendung – und bin deshalb, und auch als schwuler bzw. bisexueller Mann, die Provokation schlechthin für gewisse islamische Kreise.

von Sinnen: Hast du jetzt Waffen dabei?
Domian: Dazu möchte ich mich nicht äußern.
von Sinnen: Hast du jemals eine Liebesbeziehung zu einem Mann oder einer Frau aus einem anderen Glaubenskreis gehabt?
Domian: Nein, eine Liebesbeziehung nicht, aber Freundschaften. Deswegen unterstreiche ich auch immer, wenn ich dieses ankreide und verurteile, es sind nicht alle Türken oder zum Beispiel Perser so. Die Masse ist nicht so. Aber es gibt eben diese Strömungen, und gegen diese Strömungen muß vorgegangen werden.
von Sinnen: Ich würde jetzt gerne ein paar überleitende Sätze zum nächsten Gespräch sagen, aber dazu fehlen mir die Worte.

Telefongespräch aus Eins Live DOMIAN:

Ausgeliefert

Domian: Jetzt begrüße ich herzlich Tanja, 27 Jahre alt. Was ist dein Thema?
Tanja: Mein Thema ist, daß ich vor einigen Jahren als behinderte Austauschschülerin in den Vereinigten Staaten gewesen bin.
Domian: *Was für eine Behinderung hast du?*
Tanja: Ich sehe nichts. Das war ein sehr elitäres Schulprogramm. Wir hatten dort Gastfamilien, und mein Gastvater hatte nur mich, auch keine eigenen Kinder. Er hat mich vergewaltigt und mißhandelt, und er hat auch am Ende versucht, mich umzubringen.
Domian: *Wie bitte?*
Tanja: Also, ich war dann anschließend fast zwei Jahre im Krankenhaus.
Domian: *Was hat er denn gemacht?*
Tanja: Was er gemacht hat? Er hat mich vergewaltigt, er hat mich mit kochendem Wasser überschüttet, er hat mich geschlagen, er hat mich gewürgt. Er hat mir oft beschrieben, wie das wird, wenn er mich dann umbringt. Was er dann macht, wenn ich dann tot bin.
Domian: *Was hatte er dann machen wollen?*
(Pause)

Domian: *Was hatte er vor?*
(Pause)
Tanja: Er hat gesagt, er würde mich zerteilen und in die blauen Plastiksäcke verpacken, in denen sie ihren Müll rausstellen. Das hat er gesagt. Und ich weiß auch, daß er es gekonnt hätte.
Domian: *Hatte der Gastvater eine Frau?*
Tanja: Ja.
Domian: *Hat die von all dem etwas mitbekommen?*
Tanja: Ja, die hat immer den Polizeifunk abgehört, wenn ich mit ihm alleine war.
Domian: *Wie? Die hat den Polizeifunk abgehört?*
Tanja: Die hat ein Gerät gehabt, womit sie den Polizeifunk abgehört hat, und später hat man mir gesagt, daß sie das wahrscheinlich getan hat, um zu wissen, ob jemand da Meldung macht.
Domian: *Sie war also eingeweiht.*
Tanja: Ja.
Domian: *Wie lange warst du in dieser Gastfamilie?*
Tanja: Von Oktober bis Ende Mai.
Domian: *So lange?*
Tanja: Ja.
Domian: *Und wieso hast du das so lange über dich ergehen lassen?*
Tanja: Das war ein sehr elitärer Laden, sag ich mal. Es war kein Ort, wo man den Flur runter rennt und „Hilfe! Hilfe! Vergewaltigung!" ruft. Ich habe ihn auch angezeigt ... Also man hatte einfach niemanden, mit dem man sprechen konnte, oder ich dachte, ich hätte niemanden. Und er hat mich auch isoliert. Ich durfte nicht telefonieren, ich durfte nicht Deutsch sprechen, ich durfte niemanden einladen. Ich durfte nie, nie, niemals allein im Haus sein. Ich durfte nicht alleine mit seiner Frau in einem Zimmer sein.
Domian: *Gab es denn nicht andere ausländische Mitschülerinnen oder Kolleginnen, mit denen du in irgendeiner Weise Kontakt hättest aufnehmen können?*
Tanja: Ja, aber ich dachte, daß sie mir nicht helfen können.
Domian: *Das kann ich gar nicht nachvollziehen. Was du da erzählt hast, ist so schrecklich und so grauenhaft. Versucht man da nicht alles, um irgendwie Hilfe zu kriegen und um auf sich aufmerksam zu machen?*
Tanja: Nein, weil man in ein solches Abhängigkeitsverhältnis und in solch eine Schuld gebracht wird. Er hat immer gesagt: „Du bist

ja sowieso behindert." Und: „Ich zeige dir jetzt mal, wie das geht mit dem Sex." Und: „Du kriegst ja sonst eh keinen ab." Und: „Sei doch dankbar für das, was ich tue!" Und: „Dich liebt sowieso keiner außer mir!"
Domian: *Aber du hast doch dann ...*
Tanja: Moment, Moment! Wir hatten keine Mobilität dort. Wenn ich als Nichtsehende eine Tube Zahnpasta brauchte, mußte ich hinterher mit ihm ins Bett gehen. So ist das.
Domian: *Du bist während dieser Zeit durch die Hölle gegangen.*
Tanja: Wenn du es so sehen willst, ja.
Domian: *Ja, das sage ich so, das empfinde ich so, nachdem was du erzählst. Und du mußt doch auch ständig Todesangst gehabt haben?*
Tanja: Ja, immer. Er hat mich auch oft nachts aus dem Bett geholt, um 3 Uhr früh oder so, und hat gesagt: „Ich fahre dich jetzt weg und bringe dich um." Ich habe ihm das geglaubt.
Domian: *Du sagtest von Oktober bis Mai?*
Tanja: Ja.
Domian: *Wie hat sich alles im Mai aufgelöst, war die Zeit dann um?*
Tanja: Nein, wir hatten einen Autounfall. Zum Glück bin ich dann ins Krankenhaus gekommen, und man hat alle Verletzungen gefunden. Auch die, die er mir zugefügt hat.
Domian: *Welche Verletzungen hattest du?*
Tanja: So gemeine Verbrennungen, Rippenbrüche, Blutergüsse. Er hatte mir auch Nadeln unter die Fingernägel gesteckt.
Domian: *Das ist ja unglaublich.*
Tanja: Die Geschichte geht noch ein bißchen weiter. Als ich zurück war, habe ich ihn dann angezeigt. Damit er keine anderen Mädchen mehr bekommt. Er hatte mir schon gesagt, daß er wieder andere Mädchen haben möchte.
Domian: *Tanja, im Krankenhaus hast du dann doch schon den Mut gefaßt und hast den Ärzten gesagt, was da vorgefallen ist?*
Tanja: Ja.
Domian: *Und daraufhin kam die Anzeige ins Rollen?*
Tanja: Ja. Und dann hat es eine Hauptverhandlung gegeben. Ich hab' dann auch über mehrere Tage ausgesagt. Man muß sich das so vorstellen: Amerika, Fernsehkameras, alles öffentlich! Manchmal frage ich mich heute selber, wie ich das gemacht habe. Aber ich habe es gemacht, und ich bin auch froh drüber.
Domian: *Wie ist das Verfahren denn ausgegangen?*

Tanja: Er ist in allen Punkten der Anklage schuldig gesprochen worden. Er hat Revisionsanträge gestellt, die alle abgelehnt wurden. Aber während der ganzen Zeit war er noch auf Kaution frei. Obwohl die Staatsanwaltschaft versucht hat, das zu verhindern. Dann hat er versucht, ein Wiederaufnahmeverfahren zu beantragen, weil er seinen eigenen Anwalt für unqualifiziert erklären lassen wollte. Das ist jetzt auch egal ... Er war jedenfalls immer noch frei, während der ganzen Zeit. Und vor zwei Wochen hat er ein geistig behindertes Mädchen umgebracht.
Domian: *Das hast du erfahren, hier in Deutschland?*
Tanja: Ja.
Domian: *Also er war immer noch auf freiem Fuß, und deshalb konnte das passieren?*
Tanja: Ja.
Domian: *Wie hast du es erfahren?*
Tanja: Von den Behörden dort. Weil die halt gesagt haben, daß ich dann dort aussagen soll, wenn es einen Prozeß gibt für dieses Mädchen. Was ich dann auch tun werde. Also im Moment weiß ich überhaupt nicht mehr, was ich machen soll.
Domian: *Das heißt, wenn das nicht so verzögert worden wäre, hätte das Mädchen noch leben können?*
Tanja: Ja. Und ich habe auch immer gesagt, er ist in der Lage, so etwas zu tun. Er hat mir beschrieben, wie er es mit mir machen würde. Er hat mir auch von anderen Mädchen erzählt. Ich weiß nicht, ob es Phantasie oder Realität war. Ich habe das alles weitergegeben.
Domian: *Ich gehe mal davon aus, daß du während dieser Zeit hier in Deutschland noch Freunde oder Verwandte hattest?*
Tanja: Ja.
Domian: *Hast du auch noch Eltern?*
Tanja: Ja.
Domian: *Hast du denn mit denen in dieser Zeit keinen Kontakt gehabt?*
Tanja: Man durfte eigentlich keinen haben. Er hat das alles unterbunden. Man durfte nicht mit denen sprechen.
Domian: *Aber haben die sich denn keine Sorgen gemacht?*
Tanja: Doch! Sie haben geschrieben und auch angerufen. Ich habe dann auch mal geweint. Sie haben gedacht, ich hätte Heimweh.
Domian: *Machst du deinen Eltern im nachhinein Vorwürfe, daß sie das nicht durchschaut haben?*

Tanja: Nein.
Domian: *Lebst du jetzt wieder bei deinen Eltern?*
Tanja: Ich lebe alleine.
Domian: *Du lebst alleine? Sag mal, du erzählst das alles relativ cool ...*
Tanja: Ich habe das schon in so vielen Polizeiverhören und vor Gericht erzählt.
Domian: *Wie gehst du denn mit diesen schrecklichen Erfahrungen um? Hast du eine psychologische Betreuung hier in Deutschland?*
Tanja: Ja! Also ich glaube, ich war auch wegen meiner Psyche so lange im Krankenhaus. Für die ganzen körperlichen Dinge hätte wahrscheinlich ein Jahr gereicht. Daß man sich als Nichtsehender überhaupt wieder in die Welt traut ... Dafür mußt du den Leuten mehr Vertrauen entgegenbringen, als ein sehender Mensch.
Domian: *Hast du das Gefühl, daß dieser Mann dich zerbrochen hat?*
Tanja: Nein.
Domian: *Das heißt, du bist optimistisch, daß du, wenn es auch sehr schwer ist, das alles verarbeiten wirst können?*
Tanja: Ja.
Domian: *Davor habe ich sehr großen Respekt.*
Tanja: Das ist sehr nett. Aber im Moment bin ich etwas zerschlagen. Wegen dem, was er dem Mädchen angetan hat. Ich denke, ich hätte das auch sein können.
Domian: *Was wünschst du diesem Mann?*
Tanja: Ich weiß, daß er jetzt nicht frei ist und daß er niemals frei sein wird. Egal, ob er ins Gefängnis kommt oder nicht.
Domian: *Haßt du diesen Mann?*
Tanja: Nein.
Domian: *Würdest du ihm die Todesstrafe wünschen?*
Tanja: Nein.
Domian: *Welche Strafe hieltest du für angemessen?*
Tanja: Schon, daß er eingesperrt wird und daß er es da nicht besonders gut hat. Und im Grunde auch, daß er nicht nochmal raus kommt. Daß er dort stirbt. Er ist schon etwas über 60 Jahre alt, und man hat mir von der Staatsanwaltschaft klipp und klar gesagt, daß er sich auch deshalb so gegen seine Inhaftierung wehrt, weil er weiß, daß er da nicht mehr lebend rauskommt. Diese Staats-

gefängnisse sind für den Schänder einer behinderten Frau kein Zuckerschlecken.
Domian: *Du hast gerade selbst gesagt, daß man als Behinderter und als Nichtsehender noch mehr Vertrauen den Menschen gegenüber haben muß, um sich zurechtzufinden in der Welt.*
Tanja: Ja.
Domian: *Hast du das Gefühl, daß du im Moment überhaupt Vertrauen zu Menschen aufbauen kannst?*
Tanja: Sagen wir mal, ich habe das langsam wieder gelernt. Die Lebensqualität ist sonst einfach zu eingeschränkt. Du kannst dir dann überlegen, was du im Leben noch machen willst, was du erreichen willst. Bestimmte Dinge sind auch nicht mehr möglich. Aber immerhin kannst du in den Laden gehen und einkaufen, in die Stadt fahren, ins Kino gehen. Jetzt gerade ist es halt schwer. Wegen dem, was dem anderen Mädchen passiert ist.
Domian: *Ist es so, daß du auch noch mal in die Staaten mußt, um auszusagen? Jetzt nach dem neuen Unglück?*
Tanja: Möglicherweise schon.
Domian: *Welche Gefühle hast du dabei? Dann wird das ja alles noch mal aufgekocht.*
Tanja: Er möchte ja eigentlich zwei Sachen: Er hat eigentlich für meinen Fall ein Wiederaufnahmeverfahren gestellt. Da würde ich nicht wieder aussagen. Weil ich keine Lust mehr habe, mich von seinem Verteidiger auseinandernehmen zu lassen. Die fragen dich alles unter der Sonne: Wie hat das Sperma geschmeckt? Alles! Es ist wirklich erniedrigend. Für das andere Mädchen würde ich aussagen. Auf jeden Fall!
Domian: *Bist du rein körperlich jetzt wieder fit und gesund?*
Tanja: (zögert ein wenig) Na ja, es gibt bestimmte Dinge, die sich nicht wieder reparieren lassen. Aber wenn man innerlich nicht mehr dieselbe Person ist, warum soll man dann äußerlich dieselbe Person sein?
Domian: *Darf ich dich fragen, was sich nicht mehr reparieren läßt?*
Tanja: (zögert) Eine Niere mußte mir entfernt werden, die Milz mußte mir entfernt werden. Das bekommt man nicht mehr zurück. Ich weiß nicht, ob ich mal Kinder bekommen kann.
(Pause)
Domian: *Tanja, ich muß sagen, daß mir dein Schicksal, deine Geschichte absolut ans Herz geht. Ich glaube, ganz vielen Zuhörern jetzt auch.*

(Pause – langes Schweigen)
Tanja: Was soll ich dazu sagen?
Domian: *Gar nichts. Ich sage es dir nur. Und ich kann auch verstehen, daß du so sachlich darüber sprichst. Du hast ja auch erklärt, daß du so oft schon darüber gesprochen hast. Nur ... Ich kann jetzt nicht so sachlich darauf reagieren.*
(Pause)
Domian: *Sag mir doch mal, warum du hier angerufen hast und mir das erzählst?*
Tanja: Weil ich im Moment nicht weiß, was ich tun soll.
Domian: *Bist du in psychologischer Betreuung?*
Tanja: (zögert) Es geht so. Nicht so intensiv. Ich muß das mal wieder ändern. Ich bin jetzt nur noch alle vier bis sechs Wochen in Betreuung. Aber ich muß da wieder ein bißchen öfter hin.
Domian: *Das glaube ich auch. Hast du denn einen guten Psychologen?*
Tanja: Ja, aber verstehst du, das andere Mädchen ist jetzt tot! Ich hätte das auch sein können. Ich habe das meiner eigenen Mutter nicht erzählt, weil ich glaube, daß sie das nicht ertragen würde. Und ich kann es selber kaum ertragen. Ich kann fast nichts mehr essen, weil ich immer daran denken muß, was er mit ihr gemacht hat. Ich denke immer daran, daß er dasselbe zur ihr gesagt hat, wie zu mir. Daß er sie zerteilen wird, wenn sie tot ist.
Domian: *Du kannst keinen normalen Alltag leben?*
Tanja: Jetzt ist es gerade ziemlich schwer, weil ich das so von mir nicht kenne. Ich dachte immer, ich könne mich am Riemen reißen. Aber jetzt ist es ein wenig Essig mit dem Zusammenreißen.
Domian: *Was machst du den ganzen Tag über?*
Tanja: (überlegt) Also, eigentlich arbeite ich als Übersetzerin. Jetzt gerade kann ich aber nicht arbeiten.
Domian: *Du beschäftigst dich den ganzen Tag damit? Du hast es immer im Kopf?*
Tanja: Also, die letzten zwei Tage lag ich im Bett und hatte überall solche Schmerzen, daß ich mir weder Tabletten holen konnte noch meine Katze füttern konnte, noch ans Telefon gehen konnte. Ich konnte mich nicht mehr rühren.
Domian: *Hast du ein paar Menschen, die sich um dich kümmern?*
Tanja: Ich glaube, ich müßte sie mal fragen. Dann würden sie es bestimmt machen.
Domian: *Hast du deinem Psychologen alles erzählt?*

Tanja: Da ging es meistens mehr um das „heute" und wie ich jetzt besser leben kann. Das war auch richtig so.
Domian: *Bin ich der erste, dem du das hier in Deutschland so erzählst?*
Tanja: Nur eine Freundin weiß es noch.
Domian: *Ich glaube Tanja, daß du sehr dringend mindestens wöchentlich, wenn nicht sogar täglich Hilfe von einem Psychologen brauchst. Einem Menschen, der sich intensiv um dich bemüht. Vielleicht sogar in einer psychosomatischen Klinik.*
(Pause)
Tanja: (etwas verzweifelt) Aber das hatte ich doch schon alles!
Domian: *Aber vielleicht war es nicht gut und vielleicht waren es nicht die richtigen Leute. Mit soviel Unglück alleine zurechtzukommen, das schafft kein Mensch.*
Tanja: Und warum tut er das alles jetzt? Und warum kommt jetzt alles zu mir zurück?
Domian: *Eben das sind die Fragen, die du in langen Gesprächen mit einem Fachmann klären mußt. Tanja, wenn du die Sendung kennst, weißt du, daß ich hier im Hintergrund immer einen Psychologen habe. Ich möchte gerne, daß du gleich mit Petra noch ein wenig redest.*
Tanja: O. K.
Domian: *(holt tief Luft) Ich wünsche dir alles Gute, und ich finde das wirklich sehr mutig, daß du angerufen hast. Ich bedanke mich auch für dein Vertrauen.*
Tanja: Tausend Dank.

Domian: Das war eines der dramatischsten Gespräche in meiner Sendung. Ich habe währenddessen immer gedacht: „Mein Gott, daß diese Frau überhaupt noch so sprechen kann. Daß diese Frau überhaupt noch leben kann." Ich kann gar nicht mal sagen, daß da sehr viel Mitleid in mir hochkam. Es war eine abgrundtiefe Erschütterung.
von Sinnen: Sind das Gespräche, wo du später darüber nachdenkst, diese Menschen noch mal anzurufen und zu fragen, wie es denen inzwischen geht?
Domian: Ich habe davor zurückgeschreckt, sie nochmal anzuru-

fen, weil ich sie in Ruhe lassen wollte. Wir haben sehr lange in der Sendung miteinander gesprochen, und es gab auch noch ein langes Gespräch mit unserer Psychologin. Wirklich helfen können wir in so einem Fall natürlich nicht. Eine Erkenntnis übrigens, die schon weh tut. Es gibt so erschütternde Schicksale, denen man ganz hilflos gegenübersteht. Wir können zuhören. Wir können unsere Anteilnahme zeigen. Und vielleicht tut das dem Gesprächspartner gut, vielleicht kommt irgendwas in die Gänge, und sei es nur ein kleiner Hoffnungsschimmer.

von Sinnen: Was dieses Mädchen erlebt und erzählt hat, war ja nun wirklich wie in einem schlechten Horrorfilm, aber es war die Realität. Ich weiß, du bist kein Psychologe, dennoch würde ich gerne mit dir darüber sprechen, ob du eine Theorie hast, was aus Männern Sadisten macht.

Domian: Ich hab keine Theorie, warum Menschen zu Sadisten werden. Es gibt ja auch Frauen, die so was tun. Aber in der Regel sind es wohl Männer.

von Sinnen: Eben.

Domian: Vielleicht ist der Mensch so konstruiert.

von Sinnen: Ich frage mich seit Jahren, ob von Geburt an blinde Menschen Traumbilder haben? Wie träumen sie? Hast du schon mal die Chance gehabt, einen Blinden das zu fragen?

Domian: Ja, hatte ich. Eine sehr interessante Frage. Sie haben mir erzählt, daß sie in ihren anderen Sinneseindrücken träumen. Also zum Beispiel von Berührungen, von Tönen, von Gerüchen. Ich unterhalte mich gerne mit Blinden. Vieles, was uns Sehenden selbstverständlich ist, wird plötzlich exotisch. Farben zum Beispiel. Erkläre mal einem Blinden, was Rot oder Grün bedeutet. Es ist fast unmöglich. Genauso unmöglich, wie einem Tauben, Musik zu beschreiben.

von Sinnen: Wenn du auf ein Sinnesorgan verzichten müßtest, Sehen, Hören oder Sprechen, könntest du dich entscheiden?

Domian: Ich glaube auf Sprechen. Ich finde es wunderbar, die Welt zu sehen, und ich finde es wunderbar, Musik hören zu können.

von Sinnen: Das würde bedeuten, du könntest deine Sendung nicht mehr machen?

Domian: Richtig. Ich könnte sie aber auch nicht machen, wenn ich taub wäre. Als Blinder schon.

von Sinnen: Wie wichtig ist die Sendung für dich?

Domian: Diese Sendung hat einen hohen Stellenwert in meinem

Leben. Sie ist nicht nur Arbeit, so wie es am Anfang war. Sie ist ein Bestandteil meines Alltags, meines Lebens. Ich hatte dieses Jahr eine lange Sommerpause, ich liebe es, Ferien zu haben, und ich bin auch sehr gerne faul und hänge rum. Als die Zeit aber um war, bin ich mit sehr großer Freude und Neugier wieder in die Sendung gegangen. Es ist schön, einen Job zu haben, mit dem man so verbunden ist. Davon habe ich immer geträumt, etwas zu tun, das ich wirklich will.

von Sinnen: Du hast ja so oft dramatische Schicksale am Ohr in deiner Sendung. Wie schnell gerät man unter den Lastwagen und ist querschnittsgelähmt. Gehst du manchmal nach Hause und denkst darüber nach?

Domian: Es gibt ein tolles Gedicht von Rilke, es heißt „Schlußstück":

Der Tod ist groß.
Wir sind die Seinen
lachenden Munds.
Wenn wir uns mitten im Leben meinen,
wagt er zu weinen
mitten in uns.

Daran muß ich oft denken, wenn ich arbeite und auch wenn ich diese Schicksale höre. Ich denke permanent daran, daß schlagartig alles anders sein könnte. Ich denke permanent daran, daß der Tod eintreten kann oder eine schwere Krankheit. Und das ist auch die Freude, die mir diese Sendung gibt. So absurd sich das anhört. All die schlimmen Schicksale, die ich zu hören bekomme, bewirken bei mir, daß ich mich so freue, daß es mir gut geht. Ich bin gesund. Ich habe einen Freund. Ich habe einen tollen Job, eine schöne Wohnung. Ich habe ein paar sehr tolle Freunde. Und meine Eltern. Was für ein Glück! Das ist alles andere als normal und selbstverständlich.

Telefongespräch aus Eins Live DOMIAN:

Unheimliche Visionen

Michael: Meine Mutter ist ungefähr vor einem Jahr an Krebs gestorben, 53 Jahre alt. Es ging sehr schnell. Und mein Junge ist letztes Jahr eingeschult worden. Da war meine Mutter schon drei Monate tot. Meine Mutter hat immer gesagt: „Wenn der Junge eingeschult wird, bekommt er diese Tüte." Wir waren in dieser Aula, die Klassen sind eingeteilt worden, meine Frau saß bei dem Jungen, ich stand in der Aula und habe mir das Ganze angeguckt. Auf einmal steht meine Mutter vor mir! Wie gesagt, die ist tot! Die stand vor mir, so wie sie krank war. Sie war abgemagert, hatte Morphiumspritzen bekommen. Sie guckt mich an, ich gucke sie an, ich guck wieder weg. Da habe ich mir erst gar nichts dabei gedacht. Die Schüler wurden dann in die Klassen verteilt, meine Frau ist mitgegangen. Nach 20 Minuten kam meine Frau wieder raus, und da stand sie wieder da! Ich hatte meiner Frau vorher gar nichts davon erzählt...
Domian: *Da hast du deine Mutter wieder gesehen?*
Michael: So, als ob sie uns erwartet hätte. Meine Frau und ich gucken uns an, meine Frau im Lauftempo weg. Sie rief mir zu: „Komm Michael, wir müssen nach Hause!" Ich frage sie: „Was ist los, Maria?" Sie antwortet: „Da steht deine Mutter!"
Domian: *(fasziniert und erstaunt) Ach!?*
Michael: Ich sage nur: „Ich weiß, Maria." Ich bin ein sehr realistischer Mensch, aber ich war total geschockt.
Domian: *Man hört ja öfters von solchen Geschichten. Aber das Verrückte hierbei ist ja, daß das nicht nur einer gesehen hat. Ihr beide habt sie gesehen!*
Michael: Ich bin total geschockt nach Hause gefahren. Der Tag war gelaufen. Das Kuriose aber: Meine ältere Schwester war mit ihrem Freund in Sizilien im Urlaub. Die haben da natürlich auch Fotos gemacht, haben dort neue Filme gekauft und sie auch gleich in Italien entwickeln lassen. Und dann kam sie am Samstag wieder und rief mich sofort an: Michael, ich muß dir was zeigen! Ich gucke mir die Fotos an – ich lüge nicht, ich würde das auf meine Kinder schwören –, ich gucke die Fotos an und sehe dar-

auf meinen Schwager mit seinem Sohn. Und im Hintergrund ist meine Mutter mit einem Glas Bier!
Domian: *Was??*
Michael: Das muß mir mal einer erklären, wie das gehen kann.
Domian: *Erkennbar für alle Leute?*
Michael: Für dich, für jeden. Da sitzt meine Mutter glücklich, im gesunden Zustand mit einem Glas Bier.
Domian: *Das ist ja gruselig.*
Michael: Das ist ein Unding.
Domian: *Macht dir das Angst? Ist dir das unheimlich?*
Michael: Ich habe sehr an meiner Mutter gehangen ... Für mich ist das ein Schock!
Domian: *Hast du früher schon mal solche Phänomene erlebt?*
Michael: Nie!
Domian: *Du bist also jemand, der ganz realistisch mit beiden Beinen auf dem Boden steht?*
Michael: Ich glaube nur das, was ich sehe.
Domian: *Ich stehe solchen Phänomenen auch immer sehr skeptisch gegenüber, weil ich glaube, daß man 98 Prozent erklären kann. Aber dieses finde ich jetzt wirklich völlig beeindruckend.*
Michael: Das ist der Wahnsinn! Ich mußte das einfach loswerden.
Domian: *Das Verhältnis zu deiner Mutter war aber sehr gut?*
Michael: Optimal.
Domian: *Nehmen wir mal an, daß war ein Zeichen deiner Mutter. Würdest du das als etwas Positives deuten oder doch eher negativ?*
Michael: Ich weiß nicht, das ist schwer zu erklären.
Domian: *Aber sie war ja immerhin dabei, als der Junge eingeschult wurde ...*
Michael: Das ist ja das Kuriose. Sie wollte dem Jungen unbedingt die Schultüte machen.
Domian: *Bei mir in der Familie gibt es diese Geschichten auch. Aber dann hat immer nur eine Person den Verstorbenen gesehen. Geht jetzt nicht doch bei euch ein bißchen die Angst um?*
Michael: Weißt du, ich bin ein Mensch, der alleine trauert. Für mich ist das unheimlich. Ich habe selbst noch drei oder vier Fotos von Weihnachten, wo sie drauf sein müßte. Ich habe Angst, die zu entwickeln.
Domian: *Michael, seid ihr eine religiöse Familie?*
Michael: Wenn ich ehrlich bin, nein. Ich bin zwar Katholik, aber nicht besonders gläubig.

Domian: *Und war deine Mutter besonders religiös?*
Michael: Auch nicht.
Domian: *Wie soll es jetzt weitergehen?*
Michael: Ich weiß es nicht.
Domian: *Im Prinzip kann man gar nichts machen.*
Michael: Im Prinzip nicht. Ich will aber mal mit den Fotos zu einem Fotografen, um sie überprüfen zu lassen. Vielleicht kann er ja was erkennen.
Domian: *Das wäre interessant, wie ein Fachmann das beurteilt.*
Michael: Das will ich unbedingt mal machen lassen.
Domian: *Du wolltest das unbedingt mal loswerden?*
Michael: Das brennt mir schon sehr auf den Nägeln. Das ist wahnsinnig. Ich war gerade wieder richtig am Zittern, als ich es erzählt habe.
Domian: *Würde jedem von uns so gehen. Völlig klar!*
Michael: Viele Leute glauben das nicht. Aber die Leute, die mich kennen, die mich persönlich kennen, die glauben mir das.
Domian: *Michael, sollte sich in dieser Geschichte noch etwas Neues ergeben, laß uns doch auf jeden Fall noch einmal miteinander reden. Würde mich sehr interessieren.*
Michael: Werde ich machen.

von Sinnen: Du hast während dieses Gesprächs den Eindruck gemacht, daß du Michael glaubst, obwohl du immer sehr skeptisch wirkst bei Gläserrücken und Esoterik.
Domian: Ja, ich bin auch sehr skeptisch bei 98 Prozent all dieser Geschichten, aber nicht so vermessen zu sagen, die ganze Welt ist materiell und rational, wie unsere Sinne sie uns vermitteln. Das glaub ich nicht mehr. Diese Phase hatte ich mal. Ich glaube, daß es sehr viele Dinge zwischen Himmel und Erde gibt, die wir einfach nicht kapieren. Ob dieses ein Indiz für ein Jenseits ist, sei mal dahingestellt. Es kann sein, daß wir umgeben sind von Dimensionen, die wir nicht wahrnehmen oder nicht immer wahrnehmen. Und es gibt vielleicht Phänomene, in denen sich uns diese Dimensionen vermitteln. Insofern halte ich so etwas für möglich, zumal ich von meiner Verwandtschaft, meinen Eltern, sehr viele Geschichten dieser Art immer wieder gehört habe als

Kind. Zum Beispiel als mein Urgroßvater gestorben ist. Mein Onkel hatte eine besondere Beziehung zu ihm. Alles spielte sich auf einem Bauernhof in Westpreußen ab. Mein Urgroßvater lag im Sterben, und mein Onkel war zu diesem Zeitpunkt im Kuhstall. In genau der Sterbeminute ist der Urgroßvater meinem Onkel im Stall erschienen. Mein Onkel soll auf ihn zugegangen sein und gesagt haben: „Was tust du hier, du bist doch viel zu schwach, um hierher zu gehen!" Kurz darauf ist das Bild meines Uropas im Stall verschwunden. Als mein Onkel ins Haus kam, war er bereits tot. Ich halte solche Sachen für möglich. Vielleicht formieren sich im Sterbeprozeß manchmal unbekannte Energien, die eine Verbindung nach einem besonders geliebten Menschen suchen. Ich selber habe etwas als Kind erlebt, nicht so beeindruckend wie das gerade Erzählte, aber es war ausgesprochen gruselig. Noch heute weiß ich um die Angst, die ich damals hatte. Ich schlief bis zu meinem achten Lebensjahr im Schlafzimmer meiner Eltern. An der Wand, gegenüber von meinem Bett, hing ein Foto meiner toten Großeltern. Und ich weiß noch genau, meine Eltern waren zu einer Wahlkampfveranstaltung von Willy Brandt. Ich lag im Bett, alleine in der Wohnung, und bemerkte, daß es unter diesem Bild unerträglich anfing zu kratzen. So als hätte jemand lange Fingernägel und würde auf dem Holz hin und her kreisen.
von Sinnen: Da wird ja wohl ein Mäuschen hinter dem Bild gewesen sein.
Domian: Genau das habe ich auch gedacht: „Vielleicht ist eine Maus hier." Ich faßte all meinen Mut zusammen und ließ ein Bein aus dem Bett gleiten auf den Boden und habe ganz fest aufgestampft, es war ein Holzboden. Jede Maus dieser Welt wäre still gewesen, weil es so richtig vibrierte. Aber es hörte überhaupt nicht auf. Es wurde immer penetranter, immer schlimmer. Ich lag in meinem Bett wie gelähmt, schweißnaß, und traute mich überhaupt nichts mehr zu machen, gar nichts mehr. Ich traute mich kaum zu atmen, geschweige denn mich zu bewegen. Und irgendwann war es dann so unerträglich, daß ich mich entschied, die Decke hoch zu reißen, auf die Erde zu schmeißen und aus dieser Wohnung zu rennen. Und das hab ich dann auch gemacht. Zwei Stockwerke tiefer wohnte eine Verwandte von uns, da habe ich Unterschlupf gefunden. Dieses wiederholte sich noch dreimal, immer wenn meine Eltern nicht da waren.

von Sinnen: Und nebenan war auch nicht eine Mietwohnung, wo jemand gebohrt hat?
Domian: Nein, das war die Außenwand.
von Sinnen: Und du hast auch mal ums Haus rumgeguckt?
Domian: Mein Vater hat alles mögliche gemacht und untersucht. Es war nichts zu finden. Bis dann meine Eltern das Schlafzimmer renovierten und dieses Bild an eine andere Stelle hängten. Und dann war Ruhe. Es hat nie wieder gekratzt.
von Sinnen: Ist es eine Spätfolge dieser Geschichte, daß du keine Bilder an der Wand hängen hast?
Domian: Nein. Ich möchte nicht abgelenkt werden. Ich möchte mich auf das Entscheidende konzentrieren.
von Sinnen: Was ist denn das Entscheidende?
Domian: Meine Gedanken.
von Sinnen: Hm, Hm. Und was hältst du vom Thema „Gemütlichkeit"?
Domian: (herzliches Lachen) Ich finde es auch gemütlich so karg, ich kann so gut leben.
von Sinnen: Bei dir ist es sehr aufgeräumt und auch blitzsauber. Ich glaube, du hast keine Zugehfrau, und deshalb meine Frage: Hast du einen Putzfimmel?
Domian: Nein, ich habe keine Putzfrau, aber ich mag es gerne ordentlich. Ich mache selber sauber, habe aber keinen Putzfimmel.
von Sinnen: Nicht?
Domian: Nein!
von Sinnen: Kannst du denn mit was anderem auftrumpfen? Hast du irgendwelche Ticks, irgendwelche Zwänge, die uns interessieren oder Spaß bereiten könnten?
Domian: Zwänge? (überlegt) Ich glaube, ich bin ziemlich normal. Etwas Sensationelles kann ich nicht erzählen.
von Sinnen: Wir haben ja 1983 die „Bunte Kuh", ein Varieté-Programm, zusammen gemacht zum Thema Kitsch. Wie ist heute dein Verhältnis zu Kitsch?
Domian: Ich weiß gar nicht genau, was Kitsch ist. Ich habe im Wohnzimmer ein Hirschgeweih hängen. Sehr viele Leute empfinden das als Kitsch, im Gegensatz zu mir.
von Sinnen: Da sind wir auch schon beim nächsten Thema: Was hat es mit diesem ätzenden Hirschgeweih auf sich? Ich bin eine gebeutelte Jägerstochter und sicherlich nicht objektiv, aber ich

hätte trotzdem gerne gewußt, warum zu Hause und in der Sendung Tiertrophäen hängen?
Domian: Ich mag diese Hirschgeweihe sehr. Sie haben so etwas Archaisches, das beeindruckt mich. Ergeben hat sich alles durch Zufall. Ich hatte früher eine große Wohnung, die ganz weiß und leer war, und ich renovierte eines Tages ein Zimmer und dachte mir, irgendwas muß man vielleicht mal an die Wand hängen. Und auf der Kölner Hohe Straße entdeckte ich wenig später, wirklich zufällig, in einem Jagdbekleidungsgeschäft mein jetziges Wohnzimmergeweih. Es war Liebe auf den ersten Blick.
von Sinnen: Würdest du denn auch selber zur Jagd gehen, Tiere totschießen wollen?
Domian: Ja, durchaus. Wenn ich auf dem Land leben würde, ginge ich zur Jagd. Ich würde aber niemals ein Tier erschießen nur aus Spaß am Jagen, ich würde es dann auch essen. Mein Urururgroßvater und noch einige „Urs" ran, war auch Jäger. Deiner auch.
von Sinnen: Schnarch' mich ahaaan! Du wanderst viel durch Fels und Firn. Das habe ich mal gehört. Wo wanderst du mit wem und warum? Hast du richtig professionelles Wanderoutfit? Schühchen und Stöckchen?
Domian: Ja, Schuhe schon, Wanderschuhe. Ich habe in den letzten Jahren die Alpen im Sommer für mich entdeckt. Früher war mir das zu spießig, im Sommer in die Alpen zu gehen. Das mag ich heute sehr gerne. Ich bin aber kein wirklich professioneller Kletterer oder so etwas. Ich wandere gerne und genieße dabei Berge und Natur.
von Sinnen: Was sind denn deine Lieblingsbäume?
Domian: Die Eiche und die Birke.
von Sinnen: Und deine Lieblingstiere?
Domian: Der Adler. Wenn ich noch einmal auf die Welt kommen sollte, vielleicht als Tier, dann möchte ich ein Adler sein. Mein Element ist die Luft, ganz eindeutig. Und er ist groß, stark und praktisch ohne Feinde.
von Sinnen: Wieso ist das dein Element, die Luft?
Domian: Kann ich nicht sagen, ich fühle mich nicht zum Feuer, nicht zum Wasser und auch nicht zur Erde hingezogen. Es ist die Luft.
von Sinnen: Hast du einen Pilotenschein?
Domian: Nein, aber den hätte ich gerne.
von Sinnen: Könntest du doch noch machen.

Domian: Ja, darüber denke ich auch nach.
von Sinnen: Hast du keine Angst vorm Fliegen?
Domian: Nein.
von Sinnen: Hast du denn Lieblingsstädte, -länder, -orte?
Domian: Ich habe Lieblingsstädte: Berlin und Rom.
von Sinnen: Ich würde gerne noch einmal ein bißchen von deiner Beziehung zur Nacht hören, die Nacht und du. Ich nehme an, du hast eine spezielle Beziehung zur Nacht, weil du so lange in der Nacht arbeitest und immer in der Nacht wach sein mußt. Ist dir die Nacht sympathischer als der Tag?
Domian: Das kann man nicht sagen. Ich habe immer schon eine Affinität zur Nacht gehabt. Das liegt wahrscheinlich auch daran, daß es mal eine sehr lange romantische Phase in meinem Leben gab, eine sehr intensive Auseinandersetzung mit romantischer Literatur, Novalis, E. T. A. Hoffmann. Da ist natürlich die Nacht das Mysterium schlechthin. Ich mag die Nacht sehr gerne, aber ich liebe auch die Sonne und den Tag. Aber die Nacht hat etwas Besonderes. Sie fördert Intimität, das kann man auch auf meine Sendung beziehen. Man äußert sich nachts anders, und man geht auch mit sich selbst in der Nacht anders um als am hellichten Tag. Man kann tiefer in sich hineinsehen, wenn es dunkel ist.
von Sinnen: Deine drei Lieblingsbücher hätte ich gerne noch einmal gehört.
Domian: Lieblingsbücher kann ich nicht nennen. Ich kann nur sagen, welche Bücher einen großen Einfluß auf mein Leben ausgeübt haben. Das war der „Steppenwolf" von Hermann Hesse, das war Nietzsches „Zarathustra", es war aber auch Goethes „Faust", zu dem ich sehr spät erst Zugang gefunden habe. Überhaupt zu diesem Dichter, den ich immer wieder lese. Ich bin sehr fasziniert von der Weitläufigkeit seines Geistes.
von Sinnen: Du hast ja gesagt, du liebst auch Rilke. Liebst du überhaupt Gedichte?
Domian: Ja, zum Beispiel auch die Lyrik von Thomas Bernhard.
von Sinnen: Und schreibst du auch selber Gedichte?
Domian: Nein.
von Sinnen: Ich weiß aber, daß du ein Gedicht geschrieben hast. Und zwar für mich, und das ist 20 Jahre her. Hier ist es – im Original! Du hast es mir zusammen mit dem Foto geschenkt:

Wurzelsäfte triefen in den Tag,
der Samstag sitzt auf einem Sarg
und bläst Zaubersternchen auf die Wolken.

Domian: Ach, das hatte ich ganz vergessen. Aber jetzt dämmert's. Das ist mir damals in deinem Kinderzimmer in Gummersbach eingefallen.
von Sinnen: Ja (beide lachen). Aber eigentlich doch schade, daß du nicht öfter deiner poetischen Ader Fluß läßt.
Domian: Es gibt einen Traum, den ich schon sehr lange mit mir herumtrage. Ich möchte und werde irgendwann einen Roman schreiben.
von Sinnen: Du weißt aber nicht, ob es ein autobiographischer wird oder?
Domian: Kein autobiographischer.
von Sinnen: Und du weißt aber auch noch nicht, worum es gehen könnte in dem Roman?

Domian: Grob schon, aber darüber kann man noch nicht sprechen.
von Sinnen: Wann warst du das letzte Mal in einer Kirche?
Domian: Vor ein paar Wochen in Mailand.
von Sinnen: Was befindet sich immer in deinem Kühlschrank?
Domian: Immer Milch und immer Wasser.
von Sinnen: Was ist einfacher für dich: deinem Freund die Schlüssel zu deiner Wohnung zu geben oder zu sagen „Ich liebe dich!"?
Domian: Einfacher?
(lange Pause)
Domian: Ich habe mit beidem überhaupt gar keine Probleme. Und beides bedarf überhaupt keiner Überwindung. Wenn das Gefühl da ist, zeige ich mein Herz gerne und gebe auch meinen Schlüssel aus der Hand.
von Sinnen: Ich habe gedacht, du hättest Probleme mit dem „Ich liebe dich!"
Domian: Nein. Überhaupt nicht. Also wenn sich etwas zusammengebraut hat in mir, sage ich das auch. Das dauert aber lange. Ich habe es allerdings noch nicht oft in meinem Leben gesagt.
von Sinnen: Was kann denn eine Liebe erschüttern bei dir?
Domian: Betrug.
von Sinnen: Du meinst jetzt eher menschlichen oder körperlichen? Also Betrug als Fremdgehen oder Betrug, daß dich jemand hintergeht oder dich belügt in wichtigen Dingen des Lebens?
Domian: Ich meine es grundsätzlich. Wenn es um gewichtige Dinge geht, ich belogen werde. Wenn das Vertrauen tief verletzt ist. Das wäre das Ende.
von Sinnen: Dann muß ich noch eine kleine alberne Frage hinterher schieben: Du hast erzählt, du kannst nicht neben fremden Männern pissen? Kannst du neben einem Partner Wasser lassen?
Domian: Nein. Nein. Nein.
von Sinnen: Neben deinem Freund geht es auch nicht?
Domian: Im Gegenteil, vielleicht ist es sogar noch komplizierter, je mehr ich einen Mann liebe. Aber ich weiß es nicht.
von Sinnen: Aber dann ist es doch vielleicht Scham?
Domian: Nein, das ist keine Scham. Ich kann es nicht ergründen. Alle Männer, die das auch haben, wissen nicht, was es damit auf sich hat.

von Sinnen: Aber auch nicht mit dem Liebsten zusammen?
Domian: Nein. Nein.
von Sinnen: Was ist deine Lieblingssendung im TV? Gibt es so ein paar, wo du sagen würdest, das will ich nicht verpassen oder das nehme ich mir auf?
Domian: Nachrichtensendungen. Ich schaue jeden Abend die Tagesthemen. Ich gucke auch sehr viele Talkshows. Am liebsten mag ich den Bio, Harald Schmidt und natürlich „Wetten, daß...". Eine Sendung, für die ich alles stehen und liegen lasse, gibt's aber nicht.
von Sinnen: Und wobei schaltest du immer um?
Domian: Ich bin überhaupt kein Freund von Serien oder Seifenopern. Es interessiert mich einfach nicht.
von Sinnen: Kannst du dir vorstellen, ein Kind zu adoptieren?
Domian: Nein. Ich hatte nie in meinem Leben – das ist eigentlich sonderbar – den Wunsch nach einem Kind. Nie. Ich mag Kinder, ich beschäftige mich auch ganz gerne mit ihnen, aber ich hätte eigene Kinder für mich in meiner Entwicklung eher als störend empfunden.
von Sinnen: Das geht mir genauso. Ich hätte nur so gerne gewußt, wie du deine Kinder nennen würdest, wenn du welche hättest.
Domian: Ich bin ein Freund der alten Namen: Franz, Hermann, Herbert, Minna. Knut finde ich auch sehr nett.
von Sinnen: Wenn du 300 Jahre alt werden könntest, welche Entwicklung der Menschheit oder der Technik würde dich dann am meisten interessieren?
Domian: Die medizinische Entwicklung. Weil ich ganz sicher bin, daß wir an einer revolutionären Schwelle stehen. Es wird nicht mehr sehr lange dauern, bis man das Gros der wirklich lebensbedrohlichen Krankheiten im Griff hat, was natürlich wunderbar sein wird für die Menschen. Irgendwann wird man sich sicher mit Schaudern an unsere Zeit zurückerinnern und sagen: „Oh Gott, damals starben die Menschen an Krebs." So wie wir heute sagen: „Oh Gott, damals starben die Menschen an einer Blinddarmentzündung." Außerdem interessiert mich die Besiedlung des Weltalls. Auch das wird nicht mehr lange dauern. Es wäre einer meiner größten Wünsche, einmal mit einer Rakete, mit einem Raumschiff die Welt, unsere Erde von oben zu sehen. Ich würde sofort mitmachen. Obwohl ich wahrscheinlich Platzangst hätte in so einer Kapsel, aber ich würde es machen.

von Sinnen: Du stehst auf Autos, fährst aber selber Fahrrad und Bahn, erkläre mir das doch bitte.
Domian: Ich fahre sehr ungern Bahn, nur wenn es sein muß. Und mit den Autos, das ist auch so ein zwiegespaltenes Verhältnis. Wenn ich durch Köln gehe, wenn ich Autobahn fahre, packt mich die Wut, wegen der Verkehrsdichte. Und ich sehe, welche ungeheure Luftverschmutzung damit verbunden ist und wie das Auto letztendlich unsere Welt, unsere Natur kaputt macht. Das ist die eine Seite. Die andere Seite ist: Ich bin ein Autonarr. Ich kaufe mir Autozeitungen, ich gehe sehr gerne in Autogeschäfte und gucke mir Autos an, bin für Tempo 130, aber ich liebe es, schnell zu fahren. Wenn ich ab und zu Leihautos habe, fahre ich wie der Teufel.
von Sinnen: Magst du die Formel 1?
Domian: Nein, die Formel 1 interessiert mich überhaupt nicht. Die Gelder, die dort gezahlt werden, finde ich absolut unmoralisch.
von Sinnen: Was ist denn dein Lieblingsauto?
Domian: Wenn ich richtig Knete hätte, würde ich mir einen Porsche oder einen Sport-Benz kaufen.

1977, Jürgen und sein erster Porsche.

von Sinnen: Wir haben ja damals bei unserer Abschlußfeier zum Abitur die Stadthalle in Gummersbach mit dem Lied „Haben Sie den neuen Hut von Fräulein Molly schon gesehen?" zum Toben gebracht. Ich glaube, du wärst bestimmt ein sehr erfolgreicher Schlagersänger geworden. Du hattest eine sehr schöne Stimme und hast ein sehr ansprechendes Äußeres. Wieso bist du nicht Schlagersänger geworden, und wie ist dein Verhältnis heute zum deutschen Schlager?
Domian: Ach Gott, ja, Schlagersänger. Zu der Zeit, als sich die Weichen so stellten, war mir das dann doch ein bißchen zu pupsig, mich mit so etwas zu beschäftigen. Ich habe Philosophie studiert, und da wäre ich mir ziemlich dämlich vorgekommen, hätte ich mich auf eine Bühne gestellt und die Caprisonne besungen. Heute – je älter man wird, desto gelassener wird man doch (lacht) – höre ich gerne wieder die Caprisonne. Ich mag wirklich sehr gerne deutsche Schlager. Die meisten hören sie ja aus Gag heutzutage. Ich nicht. Mir gefallen viele Schlager ernsthaft. Und ich singe sie sehr gerne mit: Vicky Leandros, Gitte, Udo Jürgens oder Roland Kaiser.
von Sinnen: Also freust dich über den Boom, den der Schlager erfahren hat. Auch wenn die Menschen ihn vielleicht verarschen wollten am Anfang.
Domian: Im Grunde ist mir der Boom egal. Solange ich meine CDs habe.
von Sinnen: Bei den Schauspielerinnen schwärmst du ja für die junge Sophia Loren. Wer ist denn bei den Schauspielern für dich ein attraktiver oder guter Schauspieler?
Domian: Ich schwärme auch für Isabella Adjani. Die finde ich sehr attraktiv und sehr erotisch. Bei Schauspielern kann ich das gar nicht so direkt sagen. Mein Traumtyp ist Henry Maske.
von Sinnen: Henry Maske? Gut, wenn man ihn nur sieht, aber in dem Moment, wo er spricht, geht doch alle Erotik flöten.
Domian: Findest du?
von Sinnen: Ja, finde ich.
Domian: Ich nicht (beide lachen).
von Sinnen: Du hast ja früher gejobbt. Was waren das für Jobs, die du hattest. Hast du auch mal in der Fabrik gearbeitet?
Domian: Ja, ich habe alles gemacht. Das ist auch gut, daß ich das gemacht habe. Heute bin ich froh darüber, wegen der Erfahrung. Ich habe am Fließband gearbeitet, ich habe Flugzeuge sauber ge-

macht, ich hab hinter der Bühne in Theatern gearbeitet, Zeitungen ausgetragen, ach, alles. Jeden Scheiß, um halt Geld zu verdienen. Deshalb sage ich heute auch immer so bestimmend in der Sendung, wenn junge Leute jammern, daß sie nichts zu arbeiten haben: Wenn man jung ist, findet man Jobs. Ich habe wirklich Mitgefühl mit Leuten, die mit 48 aus dem Beruf herausgedrängt werden. Für die ist es nicht einfach. Aber wenn man Anfang 20 ist und vielleicht Student, kriegt man überall Jobs. Und wenn man Möbel trägt oder weiß der Teufel was.
von Sinnen: Welcher Job hat dich am meisten gebeutelt?
Domian: Das Fließband.
von Sinnen: Ich habe ja auch viel in einer Gummersbacher Tapetenfabrik gejobbt.
Domian: Da habe ich auch mal gearbeitet, mit 14 Jahren. Und ich erinnere mich an ein heftiges Erlebnis – ich hatte einen richtigen Haß auf den Fabrikanten: Wir standen in der Werkshalle, da waren mehrere Jugendliche dabei und mußten einen Moment pausieren, weil der Arbeitsvorgang stockte, und da kam der oberste Boß der Fabrik, ein steinreicher Mann, sah das und schnauzte seinen Vorarbeiter an: „Die da sind hier, um hart rangenommen zu werden." Da wäre ich beinahe Kommunist geworden.
von Sinnen: Was hast du eigentlich gegen die PDS?
Domian: Ich wundere mich immer, daß ich so oft darauf angesprochen werde. Offensichtlich scheint es etwas Besonderes zu sein, wenn man sich als Sozialdemokrat gegen diese Partei ausspricht. Die PDS ist für mich aus demselben verlogenen Holz geschnitzt wie die DVU, die NPD und die Republikaner. Diese Partei trägt nun mal die Verantwortung für 40 Jahre Unrecht in der DDR. Diese Partei hat die Rechtsnachfolge der SED beansprucht und auch angetreten. Und somit trägt diese Partei Verantwortung für ungezähltes Leid, für Folter und für Mord. Und bis heute hat diese Partei es nicht für nötig gehalten, sich zu unserer freiheitlich-demokratischen Grundordnung offiziell zu bekennen. Oder auch zur Wiedervereinigung. Der letzte Souverän der Deutschen Demokratischen Republik, das einzige frei gewählte Parlament, die Volkskammer, hat den Beitritt zur Bundesrepublik Deutschland beschlossen, demokratisch beschlossen. Ich kann keine Partei respektieren, aus der immer und immer wieder Stimmen laut werden, die die Verbrechen Stalins, den ich im gleichen Atemzug mit Hitler nenne, schön redet, relativiert

oder sogar abstreitet. Ich denke an die kommunistische Plattform oder an andere Gruppierungen innerhalb der PDS. Warum schmeißen die Führungskräfte solche Leute nicht aus der Partei heraus? Warum nicht?
von Sinnen: Ich find' den Gysi so nett.
Domian: Gysi ist für mich der Schlimmste. Ich habe den Eindruck, daß er sich über jeden neuen Arbeitslosen freut. Das kann er dann demagogisch ausschlachten. Für mich ist Gysi ebenso gefährlich wie Frey oder Schönhuber. Er verstellt sich brillant. Wäre er ein aufrichtiger Linker, hätte er nach der Wiedervereinigung eine neue Linkspartei gegründet. So hat man sich aber nur umbenannt, die von einem Unrechtsregime angehäuften Milliarden eingesackt, die dunkle Vergangenheit schnell ad acta gelegt, und jetzt spielen sich diese PDS-Herren und -Damen als die Urdemokraten und als die Retter der Nation auf. Ich habe nichts gegen das Gros der ehemaligen SED-Mitglieder. Es waren ja nicht alle Verbrecher. Ich sähe sie sogar gerne in meiner Partei, der SPD.
von Sinnen: Ich glaube, viele Bürgerinnen und Bürger der neuen Bundesländer fühlen sich von denen besser vertreten oder haben das Gefühl, die verstehen ihre Probleme besser.
Domian: Genau diese Formulierung ist PDS-Propaganda.
von Sinnen: Ich Arme!
Domian: Zwei Drittel der Leute in Ostdeutschland wählen immerhin demokratische Parteien. Dennoch ist die PDS natürlich stark, leider Gottes auch die DVU, aber mich beruhigt schon, daß zwei Drittel eben SPD, FDP, Grüne oder die CDU wählen.
von Sinnen: Wann wirst du in die Politik gehen?
Domian: In der Tat war das immer ein Bereich, der mich sehr interessiert hat, und ich habe oft darüber nachgedacht, in die Politik zu gehen. Ich war mal Mitglied der FDP zu Zeiten der sozial-liberalen Koalition, ich war Mitglied der Grünen und bin jetzt seit vielen Jahren in der SPD. Meine Fernseharbeit ist mir derzeit aber wichtiger.
von Sinnen: Aber du schließt es nicht aus?
Domian: Für die nächste Zeit schließe ich es aus.
von Sinnen: Was geht dir durch den Kopf, wenn du den Slogan von jemandem hörst „Ich bin stolz, ein Deutscher zu sein."?
Domian: Ach Gott, dieser Slogan ist in schrecklicher Weise besetzt worden von Leuten, die mir zuwider sind. Ich habe mit

meiner Nationalität überhaupt keine Probleme, ich lebe sehr gerne in diesem Land, ich bin in gewisser Weise auch stolz auf dieses Land. Wir haben seit dem Zweiten Weltkrieg – wir ist gut, ich meine die ältere Generation – etwas aufgebaut und geleistet, das ist einzigartig für Deutschland. Es ist der beste Staat, den wir je hatten, und ich fühle mich hier sehr wohl.
von Sinnen: Du gibst mir aber recht, daß man nicht stolz auf etwas sein kann, wofür man nichts kann. Ich kann ja nichts dafür, daß ich zufällig in Deutschland geboren bin?
Domian: Natürlich. Man kann nur stolz auf Leistungen sein.
von Sinnen: Glaubst du, du wärst in der DDR ein Stasi-Mann geworden?
Domian: Also, ich kann mich überhaupt nicht freisprechen, daß ich sowohl im Dritten Reich, wenn ich da reingeboren worden wäre, oder auch in der ehemaligen DDR, mitgelaufen wäre. Ich bin leicht zu begeistern oder war es früher zumindest. Ich kann jetzt nicht sagen, ich wäre sauber geblieben.
von Sinnen: Wann hast du den letzten Aids-Test gemacht?
Domian: Meinen letzten Aids-Test habe ich vor sechs Jahren gemacht und mich seitdem so verhalten, daß ich keinen neuen Aids-Test machen brauche.
von Sinnen: Warum willst du bei einem One-Night-Stand wissen, ob dein Gegenüber HIV-positiv ist oder nicht?
Domian: Es ist eine Frage der Fairneß. Ich verlange von meinem Partner, mit dem ich sexuell verkehre, daß er mich generell über sich aufklärt und besonders hinsichtlich sehr schwerer Krankheiten. Ich würde das auch tun. Natürlich soll man sich immer schützen, ausschließlich Safer-Sex praktizieren, gerade bei einem One-Night-Stand.
von Sinnen: Jeder soll sich ja immer so verhalten, als wenn er selber oder sein Sexpartner positiv wäre. Warum willst du es ausgesprochen wissen, bevor es da zur Sache geht?
Domian: Weil ich mich dann wahrscheinlich noch vorsichtiger verhalten würde.
von Sinnen: Nun hast du ja manchmal Anrufer in der Sendung, die sagen: „Ich bin HIV-positiv und ich verhalte mich safe, deshalb muß ich es nicht sagen! Ich habe Angst vor Zurückweisung und sozialer Ausgrenzung." Verhältst du dich da nicht zu selbstgerecht, wenn du das so verlangst?
Domian: Finde ich nicht. Ich verlange das von jedem, weil ich es ge-

nauso machen würde. Und wenn mir jemand sagt: „Ich bin HIV-positiv.", würde ich mich natürlich nicht von ihm distanzieren.
von Sinnen: Was sagst du zu dem Vorwurf, du würdest die Hysterie vor Aids schüren?
Domian: Damit kann ich überhaupt nichts anfangen. Dieser Vorwurf macht mich auch geradezu wütend. Ich finde, daß in den letzten Jahren viel zu wenig Aufklärung betrieben wurde. Viel zu wenig über Safer-Sex gesprochen wird. Ich höre es fast wöchentlich in meiner Sendung, daß Schwule und Heteros dieses Thema offensichtlich schon wieder vergessen haben. Man kann gar nicht oft genug darauf hinweisen. Es schadet niemandem, wenn man sich schützt.
von Sinnen: Glaubst du, daß die Aufklärungskampangnen des Gesundheitsministeriums ausreichend sind?
Domian: Nein. Im Moment nicht. Ich hoffe sehr, daß sich da in der nächsten Zeit etwas tun wird.
von Sinnen: Hast du schon einmal wissentlich mit einem Aids-Kranken oder HIV-Positiven Sex gehabt? Wenn ja, hat es deine Stimmung beeinflußt?
Domian: Ich hatte noch nie mit einem Aids-Kranken Sex, auch nicht mit einem HIV-positiven Menschen.
von Sinnen: Hast du schon gute Freunde durch Aids verloren?
Domian: Gute Freunde Gott sei Dank noch nicht.
von Sinnen: Der letzte Anrufer in unserem Buch betreibt ja nun definitiv Safer-Sex.
Domian: Wobei er sich aber eine Salmonellenvergiftung oder die Schweinepest einfangen könnte.

Telefongespräch aus Eins Live DOMIAN:

Hackfleisch

Leo: Mein Thema ist meine sexuelle Phantasie. Es ist ziemlich ungewöhnlich. Einmal im Monat überkommt es mich. Ich werde dann sexuell erregt. Ich will dann nicht mit einer Frau oder einem Mann schlafen, sondern mit Hackfleisch.
(Pause)
Leo: Ich gehe einmal im Monat zu einem Metzger, kaufe mir kiloweise Hackfleisch und wenn ich das alles nach Hause gebracht habe, richte ich mein Zimmer um, decke alles ab, dann verteile ich das Hackfleisch auf dem Boden.
(Pause)
Leo: Wenn ich das Hackfleisch in den Händen habe, wenn ich es berühre, stimuliert mich das sexuell. Allein dieser feuchte Brei. Das geht dann soweit, daß ich es mit dem Hackfleisch treibe. Ich forme mir daraus, soweit es möglich ist, meine eigene Frau. Und...
Domian: *Und?*
Leo: Je wilder das wird, je mehr ich dieses glitschige Zeug auf meiner Haut spüre, desto geiler.
Domian: *Also du reibst dich auch mit dem Hackfleisch ein?*
Leo: Ich forme mit meinen Händen die Brüste, den Mund, die Arme, die Vagina.
(Pause)
Domian: *Dir ist ja klar, daß wir alle jetzt lachen müssen.*
Leo: Ja klar.
Domian: *Und dir ist auch klar, daß alle jetzt denken: Will der uns verarschen?*
Leo: Nein, nein. Ich verarsche dich nicht. Auf keinen Fall. Es gibt ja viele Dinge heutzutage. Gummipuppen...
Domian: *Ja, es gibt viele seltsame Dinge. Wir wollen jetzt ernsthaft darüber reden?*
Leo: Ja.
Domian: *Hast du eine Freundin?*
Leo: Nein, seit eineinhalb Jahren nicht mehr.
Domian: *Aber du hattest eine ganz normale Beziehung und auch eine ganz normale Sexualität?*

Leo: Ja.
Domian: *Das ist wirklich skurril. Seit wann machst du das mit dem Hackfleisch?*
Leo: Seit zwei Jahren ungefähr.
Domian: *Wie kam es denn zu dem Hackfleisch?*
Leo: Ich hatte mal einen Bekannten, der in der SM-Szene war. Ich war dann auch mal dabei, und dann hat er mir mal was davon berichtet, daß er auch solche Neigungen hat. Zwar nicht so extrem wie ich heute, aber der hatte das auch schon mal ausprobiert.
Domian: *Und da hast du das auch ausprobiert?*
Leo: Ja. Danach ging auch meine Beziehung in die Brüche.
Domian: *Hing das mit dem Hackfleisch zusammen?*
Leo: Ich denke ja. Ich hatte am Anfang wirklich eine ganz normale Sexualität gehabt. Ich habe das dann mal ausprobiert. Daraufhin hat sie mich verlassen.
Domian: *Hat die das mitbekommen?*
Leo: Ich habe es ihr erzählt. Sie wollte es zuerst gar nicht glauben, bis sie mich mal zufällig überrascht hat. Wir hatten damals zusammen gewohnt.
Domian: *Das hat sie abgetörnt?*
Leo: Ja.
Domian: *Kann man auch verstehen.*
Leo: Ja schon.
Domian: *Du kannst es nicht näher erklären, warum es gerade Hackfleisch sein muß?*
Leo: Ich weiß nicht. Es ist so unberührt, es ist so ein zarter Leib. Es ist die Wahrnehmung. Ich küsse das Hackfleisch, ich lutsche es. Das kann man kaum in Worte fassen. Es ist für mich auch eine Schönheit, wenn es da liegt. Ich lasse mich fallen.
Domian: *Wieviel Hackfleisch kaufst du denn dafür?*
Leo: Meistens 60 Kilo.
Domian: *Wie bitte? 60 Kilo?*
Leo: Ja.
Domian: *60 Kilo?*
Leo: Ja.
Domian: *Wieviel sind 60 Kilo Hackfleisch? Das kann ich mir gar nicht vorstellen. Ein ganzer Sack voll?*
Leo: Ja, so ungefähr.
Domian: *Was sagt denn der Metzger zu dir?*

Leo: Solange ich bezahle, wird er wohl auch keine Fragen stellen. Ich kaufe öfter bei ihm. So für ca. 800 Mark meistens.
***Domian:** 800 Mark? Fragt der nicht, was du damit machst?*
Leo: Am Anfang wollte der das natürlich gar nicht glauben und dachte, es wäre ein Scherz. Aber als er gemerkt hatte, daß ich es ernst meine, hat er mir das Hackfleisch auch besorgt.
***Domian:** Also er fragt dich nicht weiter?*
Leo: Nein.
***Domian:** Bevorzugst du Rinder- oder Schweinegehacktes?*
Leo: Schwein eigentlich.
***Domian:** Ich stelle mir das fast wie eine Orgie vor, was du da machst. Wie lange dauert das?*
Leo: Eine halbe bis dreiviertel Stunde.
***Domian:** Das ist nicht viel. Und was passiert dann mit den 60 Kilo Hackfleisch?*
Leo: Ich schmeiße es weg.
***Domian:** Das ist ja völlig skurril.*
Leo: In den letzten Monaten hat es sich auch gesteigert.
***Domian:** Weiß außer mir und den Zuhörern sonst noch jemand davon?*
Leo: Nein, nur meine letzte Freundin.
***Domian:** Wenn du diese Sendung verfolgst, weißt du, daß ich in Sachen Sex nun wirklich für alle Absonderlichkeiten ein offenes Ohr und auch viel Verständnis habe. Dieses allerdings hört sich meines Erachtens ziemlich bedenklich an. Ich erahne, daß du da in eine Ecke abdriftest – wenn es denn alles stimmt –, in der du nicht glücklich wirst. Du hast dadurch vermutlich schon eine Beziehung verloren. Und du sagst selbst, daß sich das noch steigert. Das ist wirklich eine richtige Perversion, der du da nachgehst. Es besteht die Gefahr, daß du dich vollkommen isolierst und seelischen Schaden davonträgst. Du solltest dich in fachkundige Beratung geben. Du mußt zu einem Therapeuten. Da stimmt irgend etwas nicht.*
Leo: Seit diese eine Beziehung beendet ist, habe ich auch keine Beziehung mehr zu einer Frau gehabt. Ich ziehe das mit dem Hackfleisch auch vor.
***Domian:** Jede Frau geht doch laufen! Stelle dir doch mal vor, du erzählst einer Frau, daß du dir einmal im Monat 60 Kilo Hackfleisch kaufst und es damit treibst. Das ist doch schrecklich!*
Leo: Ja, das stimmt.

Domian: *Das endet irgendwann in einer vollkommenen Vereinsamung.*
Leo: Stimmt, ich bin zur Zeit auch nicht fähig für eine Beziehung.
Domian: *Du hast wirklich vorher eine relativ normale Sexualität gehabt? Du hattest nie sonderbare Dinge im Kopf, in der Phantasie?*
Leo: Nein, eigentlich nie.
Domian: *Kannst du dir vorstellen, zu einem Therapeuten zu gehen?*
Leo: Ja, doch.
Domian: *Würdest du diese Neigung auch gerne in den Griff bekommen oder gar loswerden?*
Leo: Ich möchte das sicherlich irgendwann wieder ablegen.
Domian: *Wie fühlst du dich denn danach?*
Leo: Befriedigt halt. Ich komme zum Samenerguß.
Domian: *Das war mir schon klar.*
Leo: Ich fühle mich halt wohl. Das kann man schwer in Worte fassen.
Domian: *Hat das für dich nicht auch einen üblen Beigeschmack, wenn du da in den Massen Hackfleisch sitzt?*
Leo: Ja, gut. Am Anfang war es erst unangenehm. Danach hatte ich mich aber daran gewöhnt. Später war es dann auch ein rasendes Gefühl, es immer wieder zu erleben.
Domian: *Also, ich halte das für ausgesprochen bedenklich, Leo. Ich würde dich gerne noch mal zu meiner Psychologin rüberschalten. Die kann dir sicherlich, was Sexualtherapie angeht, noch ein paar Tips geben, wie du so etwas einfädelst. Bleibst du am Telefon?*
Leo: Ja klar.
Domian: *Alles Gute.*

von Sinnen: Ja, der Hackfleischman. Ich glaube, du wirst sehr oft noch auf dieses Interview angesprochen?
Domian: Das liegt, ich weiß gar nicht, jetzt schon eineinhalb Jahre zurück. Vor kurzem gab es noch die wunderbare Situation, ich gehe in Köln über eine Straße und es kommen mir zwei Jungs entgegen, gucken mich an, lächeln so und zeigen mir so den Daumen und sagen: „Hey, Hackfleischman!" (beide lachen)

von Sinnen: Du glaubst nicht, daß der Anrufer dich verarschen wollte?
Domian: Ich glaube nicht. So witzig das ganze war, so ernst endete es auch hinterher. Weil er wirklich Probleme damit hatte. Das war nicht mehr lustig für ihn. Er war völlig isoliert. Und er hat sich auch danach mit unserer Psychologin noch lange unterhalten. Ein Fake, eine Lügengeschichte, wäre spätestens dann aufgeflogen.
von Sinnen: Hilfe, Jürgen, mir fällt gerade auf, wir haben vergessen, die Musikpause hier im Buch zu machen. Ich singe sie mal schnell. (Hella singt und Jürgen trinkt aus seiner grünen Wasserflasche.)

Hella und Jürgen pausieren auf dem Pausenhof ihrer ehemaligen Schule. April 1998.

von Sinnen: So, jetzt haben wir die sehr schöne Situation, daß ich Sätze vorgebe und du sie zu Ende bringst. Das macht doch Spaß. Pünktlichkeit ist für mich ...
Domian: ... elementar wichtig.
von Sinnen: Wenn ich einen Tag im Leben eine Frau wäre, würde ich zuerst ...
Domian: ... mit einem Mann schlafen (beide lachen).
von Sinnen: Das ist das einzige, was dich wieder mal interessiert. Ein Held ist für mich ...

Domian: Ja, ein Held. Es kommen mir zwei Ideen: Obwohl er soweit weg ist und ich ohne Bezug zu ihm bin, möchte ich Nelson Mandela nennen. Ich habe unendliche Achtung vor ihm. Überhaupt für Leute, die wegen ihrer Gesinnung Jahre oder Jahrzehnte in einem Gefängnis zubringen. Ich glaube, ich würde umknicken und denken, komm, pfeif auf deine Gesinnung und leb ein freies Leben. Dieser Mann hat, ich weiß gar nicht genau, 30 Jahre etwa im Knast gesessen, weil er so sehr an seine Vision glaubte, an eine gerechte Welt. Finde ich unglaublich beeindruckend. Da werde ich klein mit Hut. Ich werde auch klein mit Hut, und das ist die zweite Idee, wenn ich an die Trümmerfrauen denke. Ein paar Verwandte von mir gehörten dazu. Diese Frauen haben Sensationelles geleistet. Das sind für mich große Vorbilder.
von Sinnen: Ich hasse Sushi, weil...
Domian: ... es nach Fisch stinkt, und ich mag überhaupt keinen Fisch.
von Sinnen: Das stimmt überhaupt nicht. Frisches Sushi stinkt nicht nach Fisch. Du magst aber keinen Fisch? Mein Lieblingsessen ist...
Domian: ... gute deutsche Hausmannskost, mittlerweile. Ich bin von der italienischen Schiene weg.
von Sinnen: Du bist, ich weiß nicht, ob ich sagen soll, erfrischend oder erschreckend deutsch? Du willst deine Kinder Franz nennen, würdest sie mit Knödeln füttern und ihnen am Ende noch ein Wildbret dazu selber schießen. Lieber Leser, die Interviewerin ist ein wenig irritiert (beide lachen). Ich brauche kein Kuscheltier, weil...
Domian: ... ich das albern finde.
von Sinnen: Die Interviewerin ist entsetzt (beide lachen). Kuscheltiere sind so wichtig.
Domian: Ja, für Mädchen.
von Sinnen: Es gibt auch Jungs, die Kuscheltiere haben.
Domian: Ja, das sind Tunten.
von Sinnen: Boah, du bist so blöd. Der beste Anmachspruch, den ich je gehört habe, war...
Domian: ... das war vor vielen Jahren in einer schwulen Disko, das hat mir gut gefallen. Da tippte ein Mann mir auf die Schulter und sagte ohne lange Umschweife: „Du gefällst mir. Hast du Bock, mit mir jetzt Sex zu machen, mit mir zu schlafen?" Das fand ich gut.

von Sinnen: Hast du es gemacht?
Domian: Nein.
von Sinnen: Welches ist der beste Anmachspruch, den du losgeworden bist?
Domian: So mache ich das nicht.
von Sinnen: Ach? Wie denn?
Domian: Das genau verrate ich nicht, denn dann sind alle vorgewarnt.
von Sinnen: Wenn ich sechs Richtige im Lotto hätte, würde ich von dem Geld ...
Domian: ... ein Hotel kaufen.
von Sinnen: Warum ein Hotel?
Domian: Weil ich Hotels faszinierend finde und ich einen Hoteltick habe.
von Sinnen: Ist das wirklich wahr? Welches ist denn dein Lieblingshotel?
Domian: Das Hotel „Coronado" in San Diego, Kalifornien. Dort wurde „Manche mögen's heiß" gedreht mit Marilyn Monroe.
von Sinnen: Da haben wir ja endlich wieder was gemeinsam. Ich liebe auch Hotels. In Nizza waren wir im „Negresco". In Rom waren wir auch in einem phantastischen Hotel. Und in Deutschland bin ich sehr gerne im „Rafael".
Domian: Wo ist das?
von Sinnen: In München. Da mußt du mal hin, das ist herrlich. Wunderbares Geschirr haben die, so ganz hauchdünnes Porzellan. Wunderschönes Service und wunderbaren Service.
Domian: Wir könnten mal ein Hotelwochenende machen.
von Sinnen: Sehr gerne. Lieber Leser, daß machen wir (beide lachen). Einen Anzug von Armani würde ich ...
Domian: ... ich würde ihn anziehen.
von Sinnen: Ich habe dich noch nie im Anzug gesehen.
Domian: Ich habe keinen.
von Sinnen: Warum nicht? Du ziehst dich doch eigentlich auch gerne schick an, und Anzüge ständen dir.
Domian: Ja, ich überlege momentan, mir mal einen zu kaufen. Wobei das nicht so 'ne Mode-Schnickschnack-Firma sein muß. Sicher gibt es auch pfiffige Anzüge bei H&M.
von Sinnen: Also, du hast keinen Lagerfeld, Boss oder Yamamoto?
Domian: Nein, nein.

von Sinnen: Du bist scheinbar kein Namedropper...
Domian: Nein, überhaupt nicht.
von Sinnen: ... was Kleidung und Luxusartikel anbetrifft?
Domian: Nein, das finde ich eher albern. Wenn ich mir Pullover angucke von irgendwelchen Markenfirmen, die dann 900 Mark kosten, und ich kriege den gleichen Pullover für 150 Mark im Kaufhof, dann kaufe ich ihn dort.
von Sinnen: Aber es muß doch ein Porsche oder ein Mercedes sein?
Domian: Ja, hier geht es um Qualität und um Top-Design.
von Sinnen: Nä, ist klar. Mein Lieblingsfilm ist...
Domian: ... „Kinder des Olymp".
von Sinnen: Wie oft hast du den gesehen?
Domian: Fünf, sechs, sieben Mal, das weiß ich nicht.
von Sinnen: Das letzte Mal geweint habe ich...
Domian: ... beim Zwiebeln schälen.
von Sinnen: Und warum erzählst du uns jetzt nicht, wann du wirklich traurig warst? Ist dir das zu intim?
Domian: Im Moment ja.
von Sinnen: Ich muß wild durchs Zimmer tanzen, wenn ich Musik höre von...
Domian: ... wenn ich House höre.
von Sinnen: Ich erinnere mich, daß wir früher immer im „Zamamphas" in Gummersbach die Tanzfläche leer getanzt haben bei Boney M.
Domian: Bei Boney M., ja richtig. Das war toll.
von Sinnen: Wir waren beide sehr eitle Tänzer und haben uns gerne in den Spiegeln gespiegelt. Manchmal haben die Menschen applaudiert, wenn wir fertig waren (lacht).
Cornelia Scheel: Weil ihr endlich fertig ward (alle lachen)!
Domian: Wir haben diesen Tanz erfunden...
von Sinnen: ... diesen Robotertanz, den haben wir gemacht – vor Michael Jackson.
Domian: Der hat das bestimmt abgeguckt.
von Sinnen: Ich gehe sofort zum Schönheitschirurgen, wenn...
Domian: ... wenn ich, wie Herr von Lojewski vom ZDF, ganz dicke Ringe unter die Augen kriege.
von Sinnen: Meine größte Stärke ist...
Domian: ... daß ich mir meine Haare selber schneiden kann.
von Sinnen: Meine größte Schwäche ist...
Domian: ... daß ich manchmal nicht mit Geld umgehen kann.

von Sinnen: Ist das wahr? Verpulverst du es für überflüssige Dinge?
Domian: Mittlerweile habe ich mich da diszipliniert, aber es gab sehr ausschweifende Zeiten.
von Sinnen: Das Leben wäre nur halb so schön ohne...
Domian: ... die Liebe.
von Sinnen: In zehn Jahren möchte ich...
Domian: ... verliebt sein, gesund sein und weiterhin einen guten Job haben, eine große Abendtalkshow.
von Sinnen: Ich gehe meilenweit für...
Domian: ... ein Magnum (beide lachen).
von Sinnen: Echt wahr? Magnum finde ich pupsig! Ich weine noch Jolly hinterher! Manchmal nehme ich allen Mut zusammen, um...
Domian: ... Leuten zu sagen, daß sie Mundgeruch haben.
von Sinnen: Das schönste Geschenk meines Lebens war...
Domian: Als das Talkradio noch nicht im Fernsehen zu sehen war, sondern nur im Radio auf WDR 1 lief, passierte folgendes: Es war der 21. Dezember, also mein Geburtstag. Ein Freund rief mich an und fragte, ob ich schon den EXPRESS gelesen hätte. Das war nicht der Fall. Weiter sagte er nichts. Also, neugierig geworden, besorgte ich mir die Zeitung, und dann traf mich beinahe der Schlag. Auf der Anzeigenseite, etwa zehn mal zehn Zentimeter groß, war zu lesen: „Jürgen Domian, herzlichen Glückwunsch zum Geburtstag. Du hast mir einmal in deiner Sendung sehr geholfen. Ein Fan" Das war ein super Geburtstaggeschenk.
von Sinnen: Klasse! Nicht ohne meine...
Domian: Nicht ohne meine...? Mütze (beide lachen).
von Sinnen: Mein Bett ist...
Domian: ... mein ganz großes Refugium. Der privateste Ort meines Lebens, meiner Wohnung. Wer in mein Bett darf, ist geadelt.
von Sinnen: Ich lag noch nicht drin, liebe Leser und Leserinnen, aber wer weiß, wie lange die Arbeit an dem Buch noch währt. Wenn ich eine Nacht mit einem Päderasten in einer Ausnüchterungszelle eingesperrt wäre, würde ich...
Domian: ... ihn beschimpfen. Am nächsten Tag würde ich mit ihm reden.
von Sinnen: Heimat ist für mich...
Domian: ... sehr wichtig. Heimat ist für mich Köln. Heimat ist

für mich Deutschland. Und Heimat ist für mich die deutsche Sprache.

von Sinnen: Der absolute Genuß ist für mich ...

Domian: ... mit einem Cabriolet in netter Begleitung durch eine Sommernacht zu brausen.

von Sinnen: Was ist im Urlaub besonders wichtig für dich? Guckst du dir Kulturgüter an, oder gehst du in Museen, oder ist es doch eher Ausschlafen?

Domian: Ich habe früher immer solche endlosen Meeraufenthalte gemocht. Ich habe den ganzen Tag am Meer gelegen und mich in der Sonne gebraten. Das ist mir heute zu langweilig. Ich finde am angenehmsten so eine Mixtur. Ich reise gerne rum, und ich gucke mir Sachen an, ich bade im Meer und sitze auch schon mal in einem Dom. Aber ich bin kein Kulturfreak, ich renne nicht von Museum zu Museum. Das finde ich ätzend.

von Sinnen: Wie lange muß ein Urlaub dauern, daß du dich erholen kannst und wie lange darf er dauern, daß du dich nicht langweilst?

Domian: Mindestens drei Wochen und maximal acht Wochen.

von Sinnen: Acht Wochen ist lang. Ich bepisse mich vor Lachen über ...

Domian: ... Hella von Sinnen.

von Sinnen: Ehrlich? (beide lachen) Sagst du das jetzt nur, um mir Komplimente zu machen, oder treffe ich dein Komikzentrum?

Domian: Du weißt, daß ich es ehrlich meine!

von Sinnen: Ja, aber es gibt ja auch andere Komiker und Komikerinnen in Deutschland.

Domian: Heinz Erhardt. Und ich muß sehr über die Simpsons lachen.

von Sinnen: Zu denen habe ich ja leider überhaupt gar keinen Zugang. Also, du magst auch gerne Zeichentrickfilme?

Domian: Eigentlich nicht so gerne. Die Simpsons sind eine Ausnahme.

von Sinnen: Wenn ich einen Außerirdischen treffen würde, würde ich ...

Domian: ... ihn fragen, woher er kommt.

von Sinnen: Was würdest du ihm denn erklären? Was es mit den Menschen und der Erde so auf sich hat, wenn er fragen würde: „Na, was macht ihr denn hier so auf der Erde, was ist denn so bei euch los?" Glaubst du, es gibt etwas, womit man denen

Hella und Jürgen bei einer Fotosession Anfang der 80er.

sehr klar beschreiben kann, was die Menschheit für eine Spezies ist?
Domian: Ich habe wirklich schon oft darüber nachgedacht, wie man einem fremden Wesen von einem anderen Planeten diese Welt und den Menschen beschreiben könnte. Ich glaube, eine Erklärung ist nicht möglich. Die Erklärung nämlich zwischen der ungeheuren Diskrepanz: auf der einen Seite Atombombe und Holocaust und auf der anderen die 9. Symphonie von Beethoven. Zu beidem ist der Mensch fähig. Bring das mal rüber!
von Sinnen: Interessierst du dich für Serien wie „Star Trek" oder

„Akte X", die sich mit außerirdischen und überirdischen Phänomen beschäftigen?
Domian: Eigentlich weniger.
von Sinnen: Glaubst du an UFOs?
Domian: Ich bin hundertprozentig sicher, daß wir nicht alleine im Weltall sind. Das sagen mittlerweile ja auch fast alle seriösen Wissenschaftler. Ich glaube aber nicht an diese profanen Erscheinungen, an fliegende Untertassen. Was gäbe ich darum, einmal eine andere Zivilisation kennenzulernen, weit draußen im All. Darum bin ich auch neidisch auf die Menschen, die in der Zukunft leben werden. Vielleicht können sie diese Erfahrung machen.
von Sinnen: Drogen sind...
Domian: ... nicht mein Ding. Ich habe viel ausprobiert, aber kein Interesse mehr daran.
von Sinnen: Die berühmte Inselfrage: Du darfst drei Dinge auf die einsame Insel mitnehmen...
Domian: Meine Zahnseide, ein Funktelefon, (denkt nach) und ein Bild von dem Menschen, den ich zu der Zeit am meisten liebe.
von Sinnen: Hildegard Knef hat auf diese Frage eine sehr köstliche Antwort gegeben, nämlich zwei Dinge würden ihr spontan einfallen: ein Helikopter und ein Mensch, der das Ding auch fliegen könnte (beide lachen). Ich bin neidisch auf...
Domian: ... Menschen, die Klavier spielen können.
von Sinnen: Bin ich auch. Wie bescheuert! Ich fühle mich einsam, wenn...
Domian: (denkt nach) ... meine Liebe nicht erwidert wird.
von Sinnen: Ich habe überhaupt kein Verständnis für...
Domian: ... geizige Menschen.
von Sinnen: Ich auch nicht.
Domian: Geiz ist noch viel schlimmer als Schweißfüße.
von Sinnen: Viel, viel schlimmer! Mich verletzt, wenn...
Domian: ... ich das Gefühl habe, daß mir jemand unrecht getan hat. Und so etwas vergesse ich nie. Kann es auch nur schwer verzeihen. Noch heute fallen mir Situationen aus meiner Kindheit ein. Lehrer haben mich verletzt oder auch Verwandte.
von Sinnen: Wenn ich König von Deutschland wäre, würde ich zuerst einmal...
Domian: ... die Gehälter von Krankenschwestern, von Pflegepersonal verdoppeln. Diese Leute leisten so viel – und sie werden so

mies bezahlt. Die Ärzte sahnen ab und die Krankenschwestern werden abgezockt. Dann würde ich auch die Gehälter der Polizisten verdoppeln. Diese Jungs und Mädels halten für unsere Sicherheit den Arsch hin und haben einen Witz in der Lohntüte, müssen zudem manchmal unter steinzeitlichen Bedingungen in ihren Büros arbeiten. Stichwort: keine ordentlichen Computer. Und ich würde das Amt des Bundespräsidenten abschaffen. (lachend) Entschuldige Conny (alle lachen).
von Sinnen: Irritierter Blick von Cornelia Scheel, die anwesend ist. Warum, was hast du gerade gegen das Amt des Bundespräsidenten.
Domian: Weil es sinnlos ist wie ein Kropf und den Steuerzahler nur Geld kostet ...
von Sinnen: ... weil du ja dann König wärst, dann wärst du ja der Bundespräsident.
Domian: Wäre ich Engländer, ich wäre für die Abschaffung der Monarchie. Das Modell Frankreich oder USA gefällt mir wesentlich besser.
von Sinnen: Meine größte Niederlage war ...
Domian: ... waren immer Liebesangelegenheiten.
von Sinnen: Mein größter Triumph ...
Domian: ... waren auch Liebesangelegenheiten und beruflich natürlich die jetzige Sendung. Und mein Abitur.
von Sinnen: Mein liebster Wochentag ist ...
Domian: (denkt nach) Habe ich keinen.
von Sinnen: Die Zeit ist ...
Domian: ... etwas grausames. Die Zeit zählt zu den Phänomenen, denen wir hilflos ausgeliefert sind. Ein unbegreifliches Phänomen, in das wir so eingebunden sind, daß wir uns keine Zeitlosigkeit denken können. Ein großes Geheimnis also. Könnten wir dieses Geheimnis lüften, wäre der Sinn des Lebens vielleicht eher begreifbar.
von Sinnen: Hast du immer wiederkehrende Träume?
Domian: Es gibt einen, den ich seit Jahren träume. Psychoanalytiker werden jetzt sicher Freude haben. Ich träume immer, daß ich fliegen kann. Das ist kein schlimmer Traum, das ist ein schöner Traum, und ich wundere mich jedesmal, obwohl ich den seit Jahren träume, daß die anderen Menschen nicht fliegen können. Ich fliege gerne aus meinem Zimmer von meinem Balkon und drehe Runden über der Stadt. Ich kann aber auch aus dem Stand

heraus fliegen, in dem ich einfach die Arme wie Flügel bewege. Kompliziert ist es nur am Abend, weil ich am Abend die Stromleitungen nicht sehen kann und die Strommasten, so daß ich eigentlich nur tagsüber fliege im Traum.
von Sinnen: Ich habe diesen Traum auch schon ein paarmal in meinem Leben gehabt und empfinde den als absoluten Glückstraum. Ich glaube so küchenpsychologisch hat es etwas mit Sexualität zu tun. Ich weiß es nicht, ich meine, ich hätte das mal gelesen.
Domian: Kann sein.
von Sinnen: Wenn *du* ihn träumst, *muß* es etwas mit Sexualität zu tun haben. Was ist denn Köln, was bedeutet die Stadt Köln für dich?
Domian: Ganz viel. Nun bin ich leider kein Kölner, ich bin hier nicht geboren, aber ich fühle mich mittlerweile in dieser Stadt so heimisch und mit ihr verbunden, daß sie neben Berlin meine Stadt ist. Ich liebe die Kölner Mentalität, ich liebe den Karneval, ich liebe es, wie man hier mal Fünfe gerade sein lassen kann. Ich habe mich am Anfang sehr schwer getan mit dem Karneval. Den fand ich anfangs sehr befremdlich und argumentierte gerne, wie verklemmte Intellektuelle das tun, so nach dem Motto, ich möchte nicht auf Knopfdruck lustig sein. Und dann bin ich irgendwann mal mit Kölnern losgezogen und habe angefangen, Karneval zu kapieren. Und eine Stadt, die kollektiv einmal im Jahr so austickt, ist mir einfach sympathisch.
von Sinnen: Was liebst du denn an Berlin?
Domian: An Berlin liebe ich das Monumentale, das Herrschaftliche. Das ist halt eine Weltstadt. Ich liebe die Architektur und die Großzügigkeit.
von Sinnen: Also wenn du jetzt aus beruflichen Gründen nach Berlin ziehen müßtest, hättest du im Gegensatz zu vielen Bundestagsabgeordneten überhaupt keine Probleme?
Domian: Überhaupt keine Probleme. Nach dem Fall der Mauer, nachdem nun Berlin endlich wieder frei ist, entwickelt sich diese Stadt eben auch kulturell zu dem interessantesten Schmelztiegel Europas. Nirgendwo brodelt es so. Nirgendwo entsteht so viel – und wird so viel wieder verworfen. Paris und London sind satt. Berlin ist hungrig. Die zwanziger Jahre, glaube ich, stehen vor der Tür. Und es wird höchste Zeit, daß die Regierung nach Berlin geht. Nur dort können die Abgeordneten das Leben, den Alltag wirklich verstehen, nicht in der abgeschotteten Idylle von

Bonn. Wobei ich Bonn sehr süß finde. Aber das ist für dieses Land keine Hauptstadt.
von Sinnen: Bist du ein toleranter Mensch?
Domian: DER SPIEGEL hat einmal geschrieben: „Gußeisernes Verständnis ist Domians Markenzeichen." So sehe ich das nicht. Ich finde es nicht so erstrebenswert, Everybodys Darling zu sein. Irgendwann ist man dann auch Everybodys Esel. Ich habe Lust daran, Stellung zu beziehen. Ich will nicht jeden Scheiß tolerieren.
von Sinnen: Hast du dich schon einmal beim Arzt für etwas geschämt?
Domian: Ja. Ich hatte mal eine innen liegende Hämorrhoide, also im Darm. Das war sehr peinlich, sich vor dem Proktologen zu entblößen und dem den Hintern entgegenzustrecken, damit er dann seinen Finger reinstecken konnte.
von Sinnen: Ich dachte, daß ihr das ganz gerne hättet, ihr Homosexuellen? (beide lachen)
Domian: Meine Liebe ... Es besteht ein gewisser Unterschied zwischen einem Proktologen und einem scharfen Sexpartner. (beide lachen)
von Sinnen: Bügelst du deine Hemden selber?
Domian: Ja, aber ich hasse es, zu bügeln.
von Sinnen: Für die Reinigung willst du dann nicht das Geld ausgeben?
Domian: Ich bin ich viel zu faul, dahin zu latschen, das abzuholen und so weiter.
von Sinnen: Kannst du Standard tanzen?
Domian: Ja, ich habe das in Gummersbach gelernt. Ich war in einer ganz normalen Tanzschule. Und bedaure es sehr, daß es heute kaum Gelegenheiten gibt, zu tanzen. Ich habe sehr gerne Tango getanzt.
von Sinnen: Das kann ich leider nicht, und ich habe, wie du vielleicht erahnst, große Probleme, mich führen zu lassen.
Domian: Ach, bei uns beiden wird das schon funktionieren.
von Sinnen: Och, laß mal stecken! Weiter! Was trägst du für Unterhosen?
Domian: Ich bin kein Freund der Boxershorts, weil es so schlabbert.
von Sinnen: Im Gegensatz zu mir.
Domian: Bei dir kann ja auch nichts schlabbern!

von Sinnen: Ach so.
Domian: Nein, ich liebe eigentlich die normale enge Unterhose, mache da aber kein Brimborium, die muß nicht 70 Mark kosten. Entscheidend ist ohnehin der Inhalt.
von Sinnen: Und was benutzt du für ein Parfum?
Domian: Ein Parfum, was es leider nicht mehr zu kaufen gibt. Es ist unmöglich aufzutreiben. Es heißt Francesco Smalto. Und dann hat es sich aber auch mit Kosmetika. Ich stehe nicht auf Männer, die sich bepudern und bepinseln.
von Sinnen: Aber so ein bißchen Nivea nach dem Duschen ...
Domian: Ja, Nivea ja.
von Sinnen: Bist du eigentlich rasiert im Schritt?
Domian: Guck doch mal nach.
von Sinnen: Gut, liebe Leser, ich guck mal eben nach. (Jürgen lacht. Hella taucht wieder auf) Wie? Du bist nicht beschnitten?
Domian: (Gelächter) Gott sei Dank nicht.
von Sinnen: Wieso Gott sei Dank? Das soll doch so besonders lecker sein.
Domian: Ich liebe dieses Häutchen. Ich liebe es bei mir für all den Spaß, den ich mit mir selbst haben kann, und ich liebe es bei anderen Männern. Meine Erfahrung mit beschnittenen Männern gehen in die Richtung, daß man immer sehr viel Spucke braucht. Und das ist mühsam und nicht so toll.
von Sinnen: Und du hast auch keine Smegma-Schocks erlitten, was sich so unter den Vorhäuten der Kerle manchmal tummeln soll?
Domian: Nein, noch nie! Es ist sehr schön. Laß es dir gesagt sein.
von Sinnen: Wir rasseln ja öfter aneinander – warum beschleicht mich immer wieder das Gefühl, daß du auch ein Frauenfeind sein könntest?
Domian: Ich bin ein Macho! Aber ich bin kein Frauenfeind, dafür liebe ich Frauen viel zu sehr. (beide lachen)
von Sinnen: Du, der Journalist Jürgen Domian, sitzt Jürgen Domian gegenüber. Was würdest du ihn fragen?
Domian: „Willst du mit mir schlafen?" (beide lachen)

Bereits bei vgs erschienen:

In der bimedialen Form ist DOMIAN eine Ausnahme unter den zahlreichen öffentlich-rechtlichen und kommerziellen Quasselbuden.
DIE ZEIT, 12.1.1996

Es ist das Verdienst Jürgen Domians, eine Gemeinde gegründet zu haben, in der man sich darauf verlassen kann, daß jedes Problem, das kleine und das große, ernstgenommen wird.
FAZ, 3.1.1996

Langweilige Fernsehabende können Sie sich sparen. Welcher Film sich lohnt steht in TV Spielfilm.

TV SPIELFILM Online: www.tvspielfilm.de

 Wir wünschen spannende Unterhaltung.